若手のホープ時代
(1986年10月13日=
アメリカ修行から凱旋帰国時)

IWGPヘビー級王者時代
(1995年5月26日)

IWGPヘビー級王者時代
（1999年1月8日）

グレート・ムタ
（2000年5月5日）

三冠ヘビー級王者時代
（2001年10月27日）

WRESTLE-1王者時代
(2014年11月1日)

グレート・ムタ
（2020年5月10日）

GHCヘビー級王者時代
(2021年2月15日)

骨の髄まで

武藤敬司のラストメッセージ

武藤敬司 著

まえがき

『週刊プロレス』で連載を始めて1年半以上か。これはべつに構えて答えてきてるわけでもないし、普通に話してるだけで。世間話の延長っていうかさ（笑）。言ってみれば飲みの席と一緒じゃん。他愛もない話をああだこうだって。だから話したそのときはそう思ってるけど、考えも変わってるかもしれないよな。この本が世に出るときは違う考えだったりするよ（苦笑）。

プロレスっていうのはさ、十人十色の世界だから。ここに書いてあることは、俺には俺のこういうバイブルがあるってことを示しただけで。ほかの選手、ファンもだけど、それぞれのプロレスのバイブルがあるはずだよ、きっと。

あくまでもこれは俺の主張であって、２０２３年1月時点の。俺が38年間、骨の髄までプロレスに浸りきって培ってきて得た俺の考えだから。それに共感するひともいれば、違うだろってひとも当然いるわけで。

引退後に考えは変わるか？　それは引退してみないとわからない。引退してプロレスに携わるかも定かじゃないんだから、いまの時点では。だけど自然に生きていればプロレスの仕事はマネジャーを通じて入ってくるものかもしれないし。あとは最後に所属したＮＯＡＨだって仕事くれるかもしれない（笑）。

ただ、やっぱり体は壊してきちゃってるからな。ヒザだけじゃなくて、あらゆる関節が悪いよ。とくにヒザに関しては人工関節で機械入れてるんだから。機械は丈夫で年とらないけど骨なんだよ、問題は。骨が年とるとともに弱くなってくると、機械（人工関節）と合わなくなってくるから。それがいちばん怖いよ、いまの俺にとって。

骨って刺激を与えてないと弱くなる。だから機械に頼ってるだけだとダメなんだよ。よく年とると骨粗鬆症《こつそしょうしょう》（骨が弱くなって折れやすくなる病気）になるけど、そうなると俺の場合アウト。だから運動だけは続けていかないと俺にはデメリットが大きいんだよ。

まあ、トークは体に関係なく、脳みそさえ動いてればできるからな。引退後はどうなるか決まってないけど、さしあたって引退前の俺のバイブルってことになるな、この本が。プロレスＬＯＶＥにあふれた一冊、しっかり読んでくれよ。

うぃーし！

武藤敬司

武藤敬司のラストメッセージ

骨の髄まで

もくじ

インタビュアー　湯沢直哉
編集　本多 誠
写真　ベースボール・マガジン社
デザイン　間野 成（株式会社間野デザイン）

※本書は『週刊プロレス』に2021年4月28日号から
連載された『武藤敬司の骨の髄まで』をもとに、
加筆修正し、一部項目を追加して単行本化したものです。

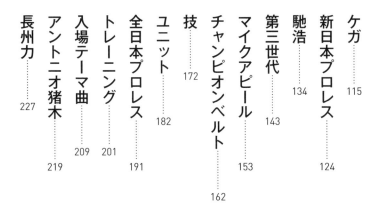

プロレスLOVE 前編

BATT発のキャッチコピーは馬場さんの「プロレスを独占します」と同義語だった！

「プロレスLOVE」はいまやすっかり武藤のキャッチコピーとして定着しているが、その由来、そこに込められた思いなど本人の証言をもとに探る。

『週刊プロレス』2021年4月28日号掲載

プロレス界が格闘技界に押されていたからこそ生まれた言葉

――武藤選手といえば「プロレスLOVE」というキャッチコピーが定着しています。

武藤　たしかプロレスLOVEってBATTのときの話だよな。

――BATTとはまだ武藤選手が新日本プロレスにいた2001年に太陽ケア選手（当時・全日本プロレス）、新崎人生選手（みちのくプロレス）、馳浩選手（当時・全日本プロレス、衆議院議員）らと団体の垣根を越えて結成したユニットです。

武藤　そうでしょ？　プロレス界に総合格闘技の波が押し寄せてきてさ。むかしは（ジャイアント）馬場さんが「プロレスを独占します」とか言ってたんだよな？

――「みんなが格闘技に走るからプロレスを独占させてもらいます」と言いました。

武藤　それと似たような感じで俺は「プロレスＬＯＶＥ」だった。ＢＡＴＴを立ち上げるときに「プロレスＬＯＶＥのヤツら集まれ」っていうような投げかけをしたんだよ。

――00年代前半はプロレスが格闘技に押されていましたよね、とくに新日本は。

武藤　（アントニオ）猪木さんが（格闘技路線を）好きだったからさ。しょうがねえよ、これは。

――プロレスＬＯＶＥってプロレスラーからするとすごく当たり前ですよね。それをあえて言わなきゃいけない時代だったというか。

武藤　ふつうにプロレスができないような。そのくらいある意味プロレス界が押されてたよな。

――逆に総合格闘技やＫ－１の勢いがすごかった。

武藤　そう、（勢いが）あったよ。多くのレスラーがそっち側に流れたり。なにを血迷ったのか、なにが欲しくてなのかはわからないけどさ。

――かつて猪木さんは異種格闘技戦などで、ある意味、格闘技を利用してましたよね。

武藤　猪木さんは格闘技というカテゴリーを利用して這い上がってきたんだよ。だけどこのころは逆に格闘技に（プロレスが）利用されてた。

――当時の武藤選手は格闘技に関しては距離を置いてましたよね。

武藤　まるっきり別物だって意識が最初からあったからね。それは俺のプロレスのスタート地点からそんな意識があったから。俺はそんな経歴を残しちゃいないけど柔道をやってた。坂口（征二）さんとかはあっちで頂点とったりしてる。マサ（斎藤）さんや長州（力）さんなんかはレスリングでオリンピックまで出てる。馳もそうか。競技としてやっていたヤツはそっちに走らないよ。競技って本当キツいから。大変な世界。競技をとことんやってきたひとは、そういう発想にならないだろうな。

――総合格闘技にチャレンジという気持ちにはならないと。すでにひとつの世界を極めてからプロレスに来ているからですか？

武藤　そう。あれは過酷じゃん。いまでこそ週プロ（の連載）で拳王とかが言ってるだろ、年寄りがどうとか、俺らベテランのことを。

――拳王選手の連載を読んでいただいているんですね。

武藤　拳王っていくつだよ？

――36歳です。

武藤　拳王だってほかのスポーツ界だったらもう年寄りだよ。引退しなきゃいけない年齢。サッカーなんて26歳くらいが引退の平均年齢だよ。そのくらい過酷、競技っていうのは。だから俺のことを年寄り扱いどうこうって、コイツ（拳王）もやめる気ないだろ、いま36歳で。プロレスだから、なんだよ。俺がコメントしてるのは、プロレスだからであって。

――プロレスと格闘技の話に戻りましょう。当時の新日本がそっちよりになったのは、オーナーだった猪木さんの意向も大きいですかね？

武藤　だからあのときは大変だったと思うよ。

――武藤選手に格闘技の試合出場のオファーはなかったですか？

武藤　俺はそういう気持ちで普段から行動してたからさ、そんな隙もなかったんじゃないかな。

――オファーを受けつけない空気を出していた？

武藤　プラスなにかあったらアメリカ行って逃げたり…逃げたわけじゃないけど（苦笑）。意外とプロレス業で充実してたからさ。充実してないヤツがそっちで逆転というか、名を馳せようと狙ったり

2001年以降、「武藤＝プロレスLOVE」というイメージが定着した（写真は2021年4月の特写）

するじゃん。俺の場合はプロレスで充実してた。そんなときに全日本プロレスで試合する話が回ってきて、まさしく王道のプロレスを体感しに行った。どっぷりプロレスに浸かって生きていける時代だったよ、俺はね。

――そこから自然発生的に出てきた言葉ですか、プロレスLOVEは。

武藤　BATTのときな。あの時代ではBATTみたいなユニットは珍しくて。あれは「垣根を越えたワルガキども」って意味だったから。団体越えたユニットって初めてだったんじゃないかな。Tシャツ作ったりしたら、選手にロイヤリティーが発生して。俺が全日本に移籍したあとか。ロイヤリティーの配分も団体間で面倒くさいってことで選手の了解得て、いい形で寄付しようと。馳先生を通して盲導犬を一頭育てるのに200万円かかると。そこに寄付したり。

「プロレスLOVE」のおかげで純粋にプロレスを追求できる業界になった

――プロレスLOVEから社会貢献もしていたと。プロレスLOVEって武藤選手自身が実際口にした記憶はあります?

武藤　たぶん俺が「プロレスLOVEのヤツ集まれ」って言ったのは事実だよ。だけどそれを見出しに使ったりしたのはメディアが引っ張った。一説によるとそのころ(読売)ジャイアンツの原(辰徳)監督が、俺のプロレスLOVEを目にしたのかわかんないけど、そこから「ジャイアンツ愛」ってフレーズを作ったって誰かが言ってたよ。

――プロ野球界にまで影響を及ぼしていたのですね。言葉もですが、指でキツネの形を作り両手を広げる「プロレスLOVEポーズ」もセットで浸透していきましたよね。

武藤　そんなもん周りがね、こんなことやったらＬＯＶＥポーズだなんだってさ。べつに俺はｎＷｏのときからのポーズをやってただけであって。勝手に誰かが「ＬＯＶＥポーズ」って言って、どんどん作ってくれていってプロレスＬＯＶＥ＝武藤が出来上がった。まあ、それは嬉しいことですよ。

――武藤選手って若いころからキャラクターやキャッチコピーもいろいろ変わってきてるじゃないですか。でもプロレスＬＯＶＥが定着したことで、完成した感じがありますよね。

武藤　ああ、そういうキャッチフレーズみたいなイメージね。

――いまも、というかこれからもずっとプロレスＬＯＶＥですよね。

武藤　俺が残したちょっとした功績として、プロレスラーたちが純粋にプロレスだけを追い求めていけるプロレス界になってると思うよ、いまは。俺らの時代はまだ違ったから。俺がプロレス界に入ったはじめなんてＵＷＦがあったり。そんなのがプロレス内にあったんだから。パンクラスもできちゃったりゴッチャの状態のなかで、いまは淘汰されたからプロレスＬＯＶＥのレスラーからしたら居心地いいと思うよ。そういう意味でこのようなプロレス界にした功績はあると思う。

――たしかにあのとき武藤選手が「プロレスＬＯＶＥ」を掲げなければ、業界がもっと格闘技方向へ流れていた可能性もありますね。

武藤　もしかしたらいまみたいになるのに時間が遅れたかもしれないし。わかんないけどな、それは。新日本プロレス自体が完全にそっち側に流れちまってたらさ…流れようとしたんだから、当時は。本当にそっちに流れてたらもうないわけで。プロレスで唯一地上波もってるところが格闘技に行っちゃったら、プロレスは世間的になくなってたかもな。

――武藤選手が全日本に移籍して、もしそのあと新日本が完全に格闘技寄りに走ってたら…。

武藤　本当に走ってたもんな、あっちに。びっくりしたよ。

――ただ、武藤選手たちが出たことで新日本も本気で危機感をもったともいえますよね。

武藤　あとは猪木さんがオーナーから外れたことがデカいんじゃないの。発言権という部分でさ。かといって俺だって全日本でやりくりするなかで、当時は生きていくのに必死。しかも団体を率いてたわけで。そのなかで地上波がほしくて取りにいくわけだ。だけど当時は格闘技があまりにも強くて、どこの局行っても格闘技携わってんだよ。で、最初の「WRESTLE－1」が生まれた。あれだって俺も複雑な気持ちでやってたんだけど、格闘家たちにプロレスやらせるわけだ。

――総合格闘家やK－1戦士が当時の全日本の選手たちとプロレスをやっていましたね。

武藤　最初はグレート・ムタvsボブ・サップだ。ただ、いくら格闘家がどうとか言ってもやっぱりプロレスはプロのレスラーとして職人がやったほうがおもしろい。それはやってみて思ったから、今度は全日本で「パッケージプロレス」って言葉を出して。反面教師じゃないけど、あの経験からそっちにいったよね。ネームバリューじゃない、仕事人、職人集めてやったほうがいいって。そしたらこれもまたおもしろいことに、俺が発信したわけじゃないけど「パッケージプロレス」なんてマスコミが勝手に作った言葉だからね。

――プロレスLOVEから始まっていろいろ派生したわけですね。

武藤　だから一言で「プロレスLOVE」なんて言ってもさ、紆余曲折してんだよ、いろいろ。いまはみんな純粋にプロレスやるためにこの世界入ってる。ふつうのプロレスラーばっかりになったよ。だけどおもしろいもんで、そういう時代を生きてきてるから…俺たちのジェネレーションはイデオロギー、意志というか、強いもの、精神的な闘いみたいなものがある。いまないよな。

BATTは団体の垣根を越えたユニット。新日本と全日本の垣根を越えて活躍する武藤と行動を共にした（写真は2001年6・8日本武道館。武藤が三冠ヘビー級王座初戴冠）

プロレスLOVE 後編

泥水を純化して「綺麗な水」にした言葉
それを糧にしてプロレス界は生き残ってる

『週刊プロレス』2021年5月12日号掲載

武藤敬司の代名詞として、いまやすっかり定着している「プロレスLOVE」。かつてのプロレス界の格闘技路線への反発として生まれた言葉だが、話はいつしか格闘技術の必要性に…。

格闘技術を身につけなきゃ絶対ダメ

——いまのプロレスラーは昔に比べて精神的な闘いがないという話でしたが、かつては反対に格闘技があったからこそプロレスLOVEが生まれたとも言えます。

武藤 俺よりもっと先輩、マサ（斎藤）さんとかの時代になるとアメリカでも闘いがあったよ。素人がリングに上がってきたり。アメリカもいまそういうのはない世界で。

——世界的にプロレスLOVE一色。そうじゃない時代ならではのおもしろさもありましたよね。

武藤 いまはきれいなプロレスだけど、週プロからしたらあからさまに答えがあるようなプロレスだろ。むかしは週プロがこっち書いたら、ゴング（『週刊ゴング』）は正反対書くとか。そんな惑わすようなプロレスじゃないな、いまは（苦笑）。

――その時代を経験してる記者も少なくなってます。

武藤　だろうな。本当はプロレスってすべてお客に委ねる。答えはない。「あれスゲー効いてるよな」ってひともいれば、「あれヒットしてねえよ」ってヤツもいる。そういうことまでも「?・」を与えるべきものだと思うよ。「本当はアイツのほうが強えんじゃねえか」とかいう想像がおもしろい。

――だからこそ幻想も生まれた時代でした。いまは生まれにくい。

武藤　だって当たり前だから。プロレスLOVEのなかでやってるんだもん。

――格闘技という比較対象がないと同じようなレスラーが同じような試合をして、となりがちです。

武藤　いいよ、このスタイルのプロレス界でも。ただ、もっと羽振りのいい世界になって、2億円稼ぐ選手が出る。しかもプロレスは60歳まで試合できる。そしたらもっとスゲー人材が入ってくるよ。

――ほかのプロスポーツは一般的に、プロレスに比べて選手寿命が短いですからね。

武藤　それで年間1億2億稼げると公表できたら、野球じゃなくてプロレスいこうってヤツが出るかもしれない。オリンピック目指してたけど30歳でやめた。60歳までとしてあと30年あるから、プロレスで生計立てようって業界になるかもしれない。

――プロレスLOVEの次の段階ですね、そうなると。

武藤　違うよ。こうやって話してるのも俺がいまでもプロレスやってる言い訳してるだけ（爆笑）。いまのNOAHを清宮（海斗）とか遠目から見てるけど、こういう時代だからこそ桜庭（和志）の道場に行ったりしてる。むかしと違っていまはプロレスのために行ってる。これはすごくいいことだよ。

――格闘技と棲み分けはできた現代でも、プロレスラーが格闘技の技術を学びにいくのはいいと。

武藤　やっぱり格闘技術を身につけなきゃ絶対ダメだから。猪木さんも常々言ってた。「プロレスは怒りと闘いだ」って。いまのNOAHで桜庭の存在はすごく大きい。新日本は持ってないものだから。もしかしたら投げた世界。でもプロレスのために絶対そっちの武器は必要だから。

自分の刀を磨くことは絶対にしておいたほうがいい

――今後どういう時代になるかは誰もわからないですからね。

武藤　NOAHは清宮筆頭にどういうふうになっていくかわからないけど期待してるよ。それがひとつの自信となり武器となり刀となる。だから自分の刀を磨くことは絶対しといた方がいい。プロレスでもウソのタックルと本当のタックルって見てる側も感情移入が違う。それは絶対違うから。

――プロレスLOVEにはベースとして格闘技術も必要?

武藤　あのころは心の叫びとして、「俺たちは普通にプロレスがやりたい!」ってだけ。当時は泥水みたいなところだったから綺麗な水を求めたわけで。いまは最初から綺麗な水。それも時代。それを糧にしてプロレス界は生き残ってるから、いまのプロレスを否定しようなんて俺も思わない。それで成り立ってるんだから。

――ただ、いまの選手からは「プロレスLOVE」みたいな秀逸なコピーは出にくい気がします。

武藤　36年前だよ。俺が「プロレスとはゴールのないマラソン」って言ったの。いまだに生き延びてるワードだろ。長州さんも「ど真ん中」「噛ませ犬」。そういうボキャブラリー…とは違うかもしれないけど、心のちょっとしたところから出る言葉。いまの子たちは言わされた感があるよな。

――いまの選手の方がSNSがあって、自分の言葉をいくらでも発信できるはずなのに…。

武藤は最後まで、プロレスを通じてファンに夢を与える「プロレスLOVE」を貫いた。写真は2023年1・1日本武道館、引退直前に実現したドリームマッチの中邑真輔戦

武藤　プロレスってやっぱり性格が出るよ。なんだかんだ長州力のコメントのほうがおもしれえんだ、いまの選手より。ツイッターで「飛ぶぞ」なんていまの若者に受けてんだから。なんなんだよ、「形変えるぞ」って（笑）。かといって、いまのプロレス界が長州力タイプでいいかっていったら、それは絶対違う（苦笑）。

――プロレスLOVEからいろいろ話が飛びましたね。

武藤　プロレス界もなるようにしかなっていかないと思うけどさ。さっき言ったように新しい優秀な人材が入ってくる環境になっていかないと。…と言いながら俺も居座ってるけどな（笑）。

師弟関係 前編

武藤塾出身選手こそ武藤公認生粋のチルドレン
一発芸でプロレス界に多くの人材を入れた理由は…

『週刊プロレス』2021年5月26日号掲載

いっけん究極のマイペースに見える武藤だが、じつはプロレス界に弟子は多い。武藤の弟子はいつからか「武藤チルドレン」と呼ばれている。今回のテーマは武藤が語るプロレス界における〝師弟論〟でもある。

体力よりも育ちが重要

――今回のテーマは武藤選手の弟子についてです。

武藤　なにをもって「武藤チルドレン」って言うのかはわかんねえけどな。多くの人間を業界に入れちゃったよ、武藤塾で。

――全日本時代、グリコの桑原弘樹氏とともに開催していたフィットネスセミナーで、定期的に新人オーディションもおこなってました。

武藤　あれは一発芸で入れたりしてるから。大和（ヒロシ）なんてそれで合格したようなもんだ。アンディ・ウーとかも。

――なにかひとつ秀でてるものがあれば合格にした？

武藤　俺が気に入っただけ。そういうものだよ、きっとプロレスって。運不運もあるから。ぶっちゃけ体力はやればほぼほぼつくもの。人間性とか生まれ持った長所は備わってるものだから、育ちの部分で。そっちのほうが大事だよ。

――なるほど。武藤選手の感覚だと武藤塾からデビューした選手が生粋の武藤チルドレンですか？

武藤　そうだね、うん。

――全日本、ＷＲＥＳＴＬＥ－１では直接教えてないですよね？

武藤　カズ（・ハヤシ）が教えてたよ。俺はそんな細々したこと教えられねえもん。

――でも「カズチルドレン」とは呼ばれてないです。そこは武藤選手の名前が大きいというか。

武藤　全日本のときは俺の家から道場まで近かったから道場にもよく行ってたし、メシ食いに選手を連れていったりもしてた。リング外でよく一緒に行動してたな。

――そこで自然に影響を受けたんでしょうね、武藤チルドレンは。

武藤　プロレスってリングで闘うことだけがプロレスじゃない。少しずつ変わってるけどバスに揺られて巡業行って、その地域には応援してくれるひとがいて、試合終わったら接待があったり。そこもひっくるめてプロレスだから。

――そうなると付き人制度も必要ですよね。

武藤　（全日本時代は）付き人は俺にしかついてなかったんじゃないか。ほか誰かついてたっけ？

――小島聡選手には？

武藤　ああ、小島にＳＡＮＡＤＡがついてたか。だからＳＡＮＡＤＡあんな人間になっちまった（苦笑）。小島があんなだからＳＡＮＡＤＡは西村（修）にくっついたんだよ（笑）。ワインの味ばっかり覚えやがって。

猪木さんより坂口さんのほうが居心地がいい

――ちなみにご自身の歴代付き人は覚えてます？

武藤 だいたい覚えてるよ。最初は金本（浩二）だ。で、石澤（常光＝ケンドー・カシン）、西村（修）、永田（裕志）。あと覚えてなかったけど吉江（豊）もやってるらしい。で、棚橋（弘至）か。全日本に来たら河野（真幸）、諏訪魔、ＫＡＩ、ＢＵＳＨＩ、中之上（靖文）。そんなもんか。

――ＷＲＥＳＴＬＥ－１時代は？

武藤 つけてない。いや、（タナカ）岩石か。付き人ではなかったけど、アメリカにも連れていってる。アイツ、テープ巻けるから。

――テーピング技術があったと。当時はトレーナー業もできることが条件だった？

武藤 そうそう（笑）。

――ちなみに武藤選手は誰の付き人を経験してます？

武藤 木村健悟さんしかしてない。俺、木村さんの付き人第一号だよ。

――若いころの武藤選手は坂口（征二）さんにかわいがられていた印象がありますが…。

武藤 坂口さんとはいつも一緒だったよ。巡業行ったらいつもそのへんで群れてたな。

――では武藤選手は厳密には〝猪木チルドレン〟ではない？

武藤 いや、背中は見せてもらってましたよ。ただ、居心地のよさでは坂口さんのほうがいい（笑）。

――武藤チルドレンの話に戻ると、こういう言い方をされる弟子をもつ選手っていないですよね。

武藤　いまはみんな旅立ったけど、（プロレス界）やめてるヤツはいねえよな。犬猿の仲になって別れたヤツも一人もいない。いまでも俺、誰にでも電話できるよ。

――弟子みんなと仲良くできるって、意外に珍しいかもしれません。

武藤　そう？

――人工関節手術前ラストマッチ（W‐1、18年3月14日、後楽園ホール）で、かつての付き人たちを集めて試合した、あのメンバー（浜亮太、SUSHI、宮本和志、河野、大和ヒロシ、中之上）が生粋の武藤チルドレンですか？

武藤　浜は付き人じゃないけど、入れたのは俺だ。浜は新日本の規定じゃ受かってねえよ。スクワットも腕立てもできてない。俺はおもしろいと思って入れたけど。それでも腕立て30回くらいやったよ。あの体で30回ってすごいぞ。

――いまのプロレス界でこれだけ弟子をもつ選手も多くはないです。

武藤　俺がいちばんじゃない？　猪木さんの次くらいか。馬場さんの系譜はもう途切れてるだろ。

――そうですね。では、今後はNOAHから武藤チルドレンが…。

武藤　できねえよ。ただ、清宮、（マサ）北宮は俺から学んでると思う。俺のこと見てるなって実感するし。

――それもまた形を変えた武藤チルドレンかもしれないですね。

武藤　イズムに近いか。ましてや闘ってるわけだから。口こそ出してないけど、いろいろ吸収してるとは思うよ。

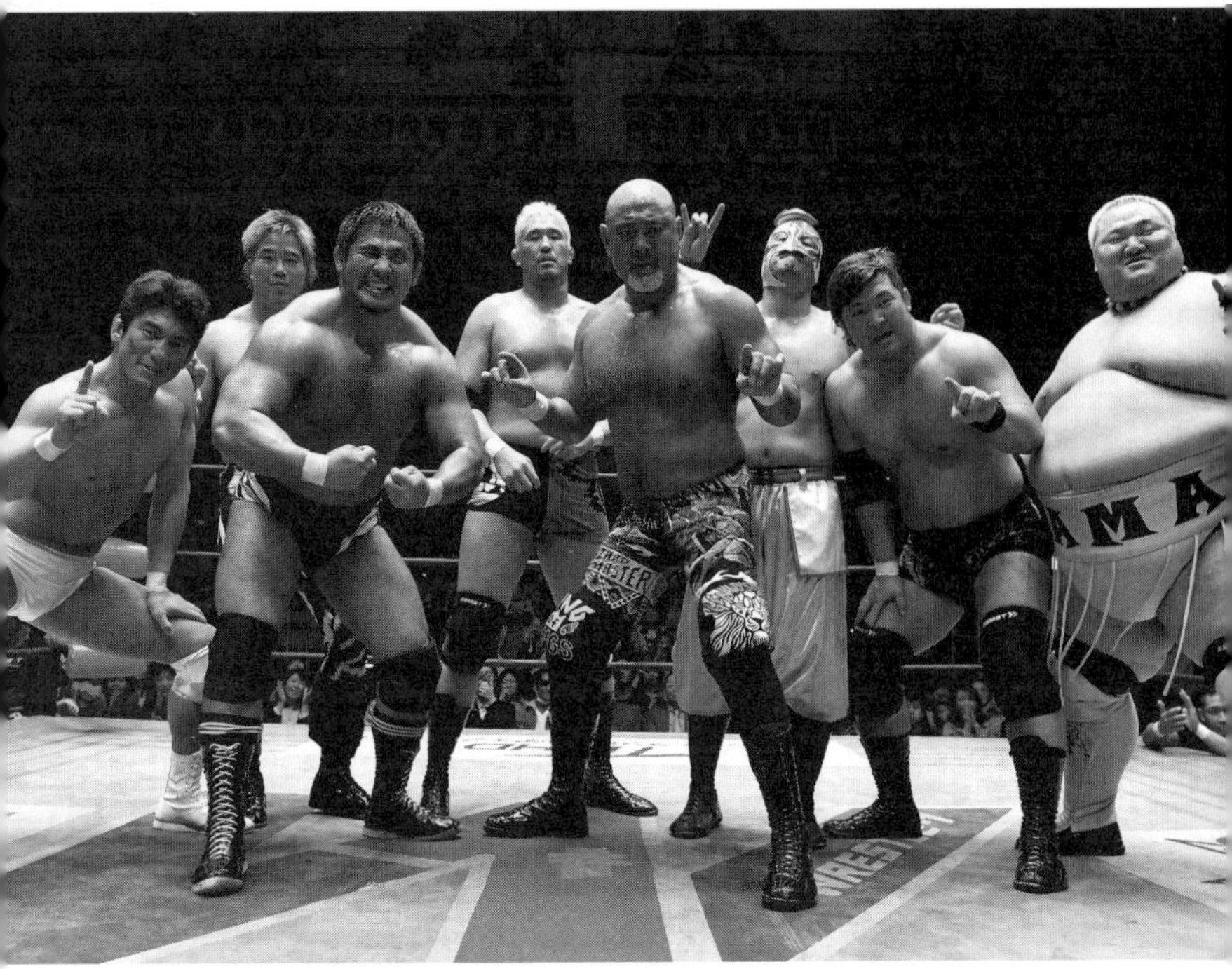

ヒザの人工関節手術前、8人タッグマッチを闘った武藤チルドレンたちと共に(2018年3・14後楽園ホール)

師弟関係 後編

チルドレンの定義は「弟子に慕われているか」自ら声をかけてコロナ収束後の〝武藤会〟開催を提案

いまやプロレス界の各団体で活躍している「武藤チルドレン」たち。弟子に対する責任を持つことはプロレスラーとしての成長につながると武藤は語る。最終的には「チルドレン」と呼ばれる定義をトークから導き出してみせた。

『週刊プロレス』2021年6月9日号掲載

親心を持って育てる

――いまのプロレス業界を見ると、武藤選手以外ではウルティモ・ドラゴン選手の弟子が各団体に大勢います。闘龍門出身者が。

武藤　あれはすごい。学校だもんな。だけど〝ウルティモチルドレン〟って言われたりする？

――あまり言わないですかね。武藤チルドレンで言うと、出世頭は棚橋弘至選手になりますか？

武藤　でも、あいつにチルドレンいる？

――まだ、そういう立場でもない気はします。

武藤　そっか。

――そもそもいまのプロレス界では、付き人制度もだんだんなくなってきてはいます。

武藤　ひとつの組織のなかでつながりっていうものはさ、弟子がミスしたら師匠の責任になるからね。そういうこともひっくるめて、人間って成長するじゃん。組織の長になるときなんて、こいつらのミスは俺が引き受ける。そういう親心というか責任感みたいなものがないと、いいレスラーにならないだろ。

――いまのレスラーはそういうタイプはほぼいないですね。そもそも団体の長になりたがる選手が少ない気がします。

武藤　アメリカナイズされてきたんだろうな。アメリカのプロレスに付き人制度なんてないから。

――武藤選手ってアメリカナイズされた選手の典型に見えて、じつはコテコテの日本人気質をもっていますよね。

武藤　そう、そう（笑）。

――同期の蝶野（正洋）選手のほうがアメリカナイズされてますかね。もう一人の同期、橋本（真也）さんが生きていたら破壊王チルドレンはプロレス界にいっぱいいましたかね？

武藤　長州（力）さんだってチルドレンいっぱいいるんだよ。だけどさ…。

――疎遠になっている弟子が多いですか？

武藤　だからチルドレンの定義はさ、弟子から慕われてるかどうかっていうのが重要じゃないの？

――なるほど。武藤チルドレンはみんな武藤選手を慕ってますよね。

武藤　先輩だからって上から目線じゃ下はついてこねえよ、絶対。

蝶野は付き人をつけたがらない

――そういう意味では蝶野選手も後輩に対して上からではなさそうですが…。

武藤　蝶野は群れない、アウトローだよ。だからアイツは付き人つけない、つけさせない。信用しないもん。アイツが付き人つけてなにかミスしたら発狂すると思うよ（笑）。俺はミスしても許す。むかし買ったばかりのフェアレディZを当時の付き人の西村（修）にワックスかけを頼んだら、あのヤロー研磨剤が入ったワックス使いやがって。こすったところが傷ついたんだよ。だけど叱ることできねえ、自分から頼んでるから。

――それでも激怒する先輩はたくさんいそうですけどね。でも現代だとパワハラと言われるかも…。

武藤　そうか、パワハラになるか。

――そうなると弟子をとって師匠にも…。

武藤　なりたくねえよな。関わりたくないってなっちゃう。イヤな世の中だな。俺らのころはSNSもなかったからよかったよ。

――新弟子時代のトンパチエピソードもプロレスラーらしさでしたが、これからの選手にはないんでしょうね。

武藤　だから俺らが若いころの旅館（一軒まるごと破壊）事件とかいまだに消えないもんな。ずっと語り継がれてる（苦笑）。

――その話、武藤選手は何度も聞かれてますよね？

武藤　そうだよ。もう語るの面倒くせえ（笑）。そんなのばっかだよ。

――武藤チルドレンにはそういうエピソードないですかね？

武藤 そういうエピソードではないけど、人材の破天荒ぶりでいったら浜（亮太）とかおもしれえよ。

――武藤選手が全日本に取ったんですよね。

武藤 そういうの取らないと特色のある団体にならないからな。

――ちなみにＳＡＮＡＤＡ選手はどうですか？

武藤 そこまでトンパチじゃねえよなぁ。

――ボクも少し知ってますけど、トンパチとはちょっと違いますね。

武藤 現代っ子にはいねえよ。役者の世界だってきっとむかしとは違うんだろうから。いまは先輩がいたずらしたら捕まっちまうよ。ＳＮＳにあげられても困るし。だけどなんだかんだ俺も全日本で苦労したけど、いまもみんな弟子たちはやめないで頑張ってるもんな。

――武藤チルドレンはいろんな団体で活躍してます。

武藤 コイツらみんな財産だよ、俺の。

――なにかのときに集まって大会を開くのはどうですか？

武藤 一回試合とかじゃなくて、コロナが収まったら普通に声かけてみようかな。「みんなでメシ食おうぜ」って。

――それはいいですね。

武藤 みんなどっかでプロレスやってるから、全員は集まれねえだろうけど。

――武藤選手の還暦のときとか、〝武藤チルドレン会〟いいじゃないですか。取材させてください！

武藤 （弟子の）みんなに恨まれてなくてよかったよ、本当に。

ライバル 前編

闘魂三銃士はライバルというよりも「同志」闘う図式でいまはもう下しかいない寂しさも…

『週刊プロレス』2021年6月23日号掲載

武藤の長いプロレス人生において「ライバル」という言葉がいちばんしっくりくる存在は、やはり闘魂三銃士として同世代を生きた橋本真也と蝶野正洋。だが本人は三銃士には別の感情をもっているという。では武藤自身が思うライバルとは⁉

ライバルの存在は必要不可欠

――武藤選手のライバルといえばやはり闘魂三銃士の橋本真也さん、蝶野正洋選手になりますか？

武藤　いや、三銃士は最初ライバルから始まったけど、途中から同志みたいな関係になったというか。まさしく三沢光晴みたいな存在だよな、ライバルっていうのは。

――まさに好敵手という関係？

武藤　マスコミが勝手に煽ったけど、本当の競合相手のライバルだった。三銃士も01年以降バラけたあとは本当のライバルになった。

――橋本さんが新日本を出て01年にＺＥＲＯ‐ＯＮＥ旗揚げ、翌02年に武藤選手が全日本へ移籍。蝶野選手は残って新日本の現場責任者となり、3人とも団体を率いる立場になりました。

武藤　あれは作り上げられたライバルじゃなくて、生き方で必然的に生まれたライバル。ただ、プロモーターってどこでもライバルを作りたがる。年代が一緒で競り合う条件が揃ってる選手同士だったり。俺が最初に行った海外ではレックス・ルガー。プエルトリコはTNT。あとWCWではスティングが出来上がっていてかなり地位があった。俺は無名の日本人から入って、スティングとライバル関係にさせてもらったことで上がったよ。育ててもらったというか。

――やはりライバルがいたほうが上にいきやすいですか？

武藤　必要不可欠だよ、プロレスにとって。

――日本のプロレス界のライバル関係だと、猪木さんと馬場さんから始まった印象です。

武藤　藤波－長州の構図もライバルだったけど、俺たち世代が突き上げると今度は俺たちとライバルになったよ。ジェネレーションの闘いが。だからさっき言ったように三銃士は途中から同志になった。藤波さん、長州さんと闘うことで。

――全日本の社長時代は新日本、ZERO－ONEを意識してましたか？

武藤　そのころは自分のことで必死で外を見る余裕はなかった（苦笑）。結果的にZERO－ONEとは闘うんだけどさ。ようは敵がいなかったら成り立たねえんだ、プロレスは闘いを見せるわけだから。

――同期だったらそれだけで対立構図になります。

武藤　闘う理由を作らなきゃいけないわけで。基本的に同等、力が拮抗してるほうがおもしろい。（ライバル対決は）互いの生き方が問われてくるからな。

三銃士よりもハセケンに対してのほうがライバル意識あった

――三沢さんと橋本さんが亡くなっているいま、武藤選手のライバルは蝶野選手だけですかね。

武藤　なんとかこっちに引っ張り込もうとしてるけど難しいんだよ。

――蝶野選手は試合してないですしね。ではこれからライバルをみつけたい？

武藤　ライバルで闘う図式でいったら、俺はもう下しかいないから。丸藤（正道）の時代とも清宮の時代とも闘わなきゃいけない。それもひとつジェネレーションライバルだよな。

――いま思うと三銃士のライバル関係は秀逸でしたね。同時代にあれだけ個性が違う3人がいたのは。

武藤　三銃士はライバルだけど同じ穴のムジナ、仲間っていうか。なぜかって俺が蝶野に負けても橋本に負けても、ダメージそんなにねえんだよ。同志の関係だから。俺が落ち込んでいるときも橋本が活躍していれば相乗効果で上がってる。誰か一人が上がっていれば。

――そういう意味で本当のライバルは全日本の四天王（三沢、川田利明、小橋建太、田上明）でしたか？

武藤　そうだろうな。ライバルとはちょっと違うけど、（佐々木）健介と馳の突き上げのほうがもしかしたらライバル意識あったかもしれないな。

――抜かれたらマズいと本気で思わせる存在だった？

武藤　アイツらスゲー牙むいてくるからさ。橋本と蝶野はそこまで牙むいてこなかった。一生懸命試合してたよ、闘うときは。でも、いま思えば（仲間）って感じだよ。

――ライバルとは三銃士のように根底に信頼がある関係のことを言うと思ってましたが…。

武藤にとって蝶野、橋本はライバルというよりも同志だった（写真は1993年2・16両国国技館）

武藤　そういうもんか⁉　だけど猪木さんからしたら馬場さんのところなんて、本気で潰れればいいって感覚だったんじゃないの？

――ちなみに武藤選手は新日本やZERO-ONEを潰れろと思ってました？

武藤　あのころは本当の経緯がちょっとわからないからな。結局、新日本の傘の下で動かされてた気配もあったり。

――ZERO-ONEは当初新日本の衛星団体として生まれる予定だった説もありました。

武藤　結果的には本当にみんなが独立したときから、潰れりゃいいと思ってたんじゃないの。俺の全日本だって、新日本からしたら「早く潰れろ」って思ってたと思うし。

――橋本さんが生きてたら、いまどういう関係でしたかね。

武藤　橋本は太ってたから大変だったと思う。全日本に上がって最後のほうなんてめちゃくちゃコンディション悪かったから。三冠戦のときだって、あのヤロー松葉杖ついてきやがった、会場に（苦笑）。

――でもライバルであり同志だった存在がこの世にいないのは…。

武藤　寂しいよな。いまからライバルっていったって横がいないわけだから、俺には。

ライバル 後編

清宮には同世代ライバルが必要という話から なぜか武藤編集長プロレス週刊誌発刊の話へ…

『週刊プロレス』2021年7月7日号掲載

同じ時代を生きた仲間たちがほとんどリングを去っている武藤にとって現在のプロレス界には同世代ライバル不在。だがその存在こそレスラーの成長には欠かせないと武藤は主張……していたはずが、話はいつの間にか別の方向へ飛躍した。

いろんな団体があったほうがいい

――現在のプロレス界は昔と比べて、そこまで比較されるライバル関係って少ないですよね。

武藤　俺ね、NOAHを見ていて思うのは清宮、いい選手だよ。だけどあいつに唯一欠けてるのはライバルだと思う。

――一時期は拳王選手とライバル的な抗争をしていましたが…。

武藤　いや、年違うよな、清宮と拳王って。

――拳王選手が12歳上です。

武藤　清宮、俺の息子と一緒だから若いよ。やっぱり同じジェネレーションじゃないと。NOAHがそれを作れるかってところ。清宮一人では試合できないわけだから。

――同世代のライバル物語って日本プロレス界特有のものですか？

武藤　アメリカだって敵は作ろうとするよ、絶対。

――アメリカは基本ベビー対ヒールの構図という印象があります。

武藤　アメリカは使い捨てできるくらいレスラーいるからな。ある意味潰してもいいくらい。日本はそうはいかない。潰しても再利用しないと（笑）。でもむかしは週プロとゴング（『週刊ゴング』）がライバルだっただろ。

――そうでしたね。

武藤　ゴングがなくなったからな。あったほうがおもしろかったよ。

――ゴングがなくなったら週プロもなくなると言われてました。ライバルは必要だと。でも現実として週プロは続いてます。

武藤　ライバルはいたほうがいいと思うよ。いまだって新日本がいい形で築いているけど、ここでNOAHが立ちはだかって真のライバルになればもっとよくなるよ。

――でもアメリカはWWEの一大メジャー時代が長いですよね。

武藤　独占のほうがいいのか？　いや、やっぱりファンからしたら2つあったほうがいいって。いろんなプロレスがあっていいんだから。アメリカもいくらWWEが王国になっても、小さな国（団体）はいっぱい生まれてるから。

――やはりNOAHには清宮選手の同世代ライバルが欲しいと。

武藤　幸い先輩はたくさんいるから。50代で元気のいい選手はいっぱいいるけど、清宮の層はもう少し作らないと。そこができたらＮＯＡＨももうひとつ世代ができる。

俺が編集長なら辛口記事しか書かない

――昔は武藤選手と三沢さんのように団体の枠を越えて比較されるライバルがいましたよね。

武藤　いまの新日本で（清宮と同じ）24歳くらいでトップで活躍してるヤツいるの？

――日本人にはいないかと。

武藤　それも切ないよな。自分が停滞してるときに同世代が名前を上げて、ポジションを上げといてもらえねえもんな。それがないと大変だよ。自分一人で支える、やっていかなきゃいけないのは。停滞したらスランプにされちゃうから。ライバルっていえば週プロだってゴングが残ってたら、いまより部数多いかもしれねえよな。

――また、その話に戻りますか！　確かにプロレス週刊誌というジャンル自体は、一誌になって縮小してしまったかもしれません。

武藤　それはあるな。ファイト（『週刊ファイト』）もあって、ゴングもあって、それがなくなって、そのお客が週プロに全部来るわけじゃないもんな。だけど熱心なファンは週プロもゴングもファイトも全部買ってたか。

――今後新たなプロレス週刊誌は生まれてこないでしょうか？

武藤　無理だよ（即答）。だって団体もＳＮＳスタイルだろ。顧客はそれで情報知るわけで。むかしは週プロで情報仕入れてたけど、いまはどこの団体もＳＮＳだから週プロ厳しいよ（笑）。

――…なんとかやってます。

武藤　俺がいまからプロレスの週刊誌作るなら悪口しか書かない（笑）。「しょっぱい流れだな」とか、通のファンが見たがる記事に。

――武藤編集長のプロレス週刊誌、ぜひ見てみたいです。

武藤　プロレスは芸術だから、いいって人もいれば悪いってひともいる。だけどお客を味方にしないとダメだな。

――厳しい意見といえばファイトでしたよね。

武藤　あれよりもう少しブラックに（笑）。団体が怒るギリギリで。売れそうな気するけどなぁ…。

――その雑誌が現実になったら、プロレス業界もだいぶ活気が出てるってことでしょうね。

武藤　そうなればまた団体が考えるわけだから成長するよ。

――武藤編集長に悪口を言われないようなプロレスを見せようと。

武藤　だけどライバルってまともな社会だったら生まれてくるよ、絶対。

――また急にライバルの話に戻ってくれましたね。

武藤　いまやアメリカのライバルは中国だろ。そうやって世の中にも生まれてくるんだから。猪木さんもむかしは馬場さんがライバルだったけど、異種格闘技戦をやってたころは社会がライバルだった。市民権、市民権って言って。

――猪木さんは「プロレスに市民権を」と強く主張していた時代がありましたね。

武藤　だから猪木さんはリアリティーを追求…いや、中途半端だったけどな（苦笑）。自分にちょっと甘い。他人に厳しく…本当、他人に厳しかったよ（笑）。

団体は違えど、三沢とは何かにつけて比較された。「ライバル」と呼べる存在だった（写真は2004年10・31両国国技館）

ムーサルト・プレス 前編

医者や家族から怒られても決めた覚悟の一発
破滅主義者的アーティスト思想で「作品」完成

『週刊プロレス』2021年7月21日号掲載

2021年6月6日の「サイバーファイト・フェスティバル」（さいたまスーパーアリーナで開催されたNOAH、DDT、東京女子プロレス、ガンバレ☆プロレスの4団体参加の合同興行）における丸藤正道とのGHCヘビー級選手権で武藤が3年3カ月ぶりに見せたムーンサルト・プレスはインパクト絶大であり、語り草となっている。人工関節を入れる前にラストムーンサルトを放って以来、解禁した衝撃の一発を振り返る。

プロレスはアート

――サイバーフェスでのムーンサルトは大きな話題になりました。

武藤　いいことなんてないよ。本当に怒られたんだから。

――医者の立場からすればそれは怒るでしょうね。

武藤　ヒザの定期健診に行ったら怒られたよ。試合終わった日も女房のＬＩＮＥに医者だけじゃなく、心配してくれるひとたちからもいっぱい連絡入ったみたいで。これってラッキーアンラッキーの世界。

なにもなかったから周りも安堵してるけど、もしなにかあったら…。ムーンサルトは自分でコントロールできない、引力には逆らえないから。なにかあったらたぶん足が使えない状態になる。そうなってたらあのあとからの活動もいっさいしてない。そういうリスクを考えたらやるべきではないよ(苦笑)。

――プロレス側からすると「武藤スゲー」となりますが、家族や医者からしたら非常識極まりないと。

武藤 そうだよ。ファンのひとたちもスゲー心配してたみたいで。

――心配が多かったですか?

武藤 それも結果論。レスラーとしては試合ってアートであり作品。ひとつの傑作をつくる部分で俺はアーティストとして、ムーンサルトというパーツをはめ込んだ。ムーンサルトも(日本)武道館(2021年2月12日)の潮崎(豪)戦と一緒で引き戻すこともできた。あのときお客の気持ちも本当のところはわからないけど、こっちの感覚として「どうせ飛ばないんだろう」って思ってるように感じたよ。だからそれはアーティストとして芸がねえな、なんて思いながら。

――躊躇なく飛びましたね。

武藤 飛ぶと決めたら躊躇もクソもない。もしもNOAHの単独興行だったら、出さなくて済んだような気もする。あの日(サイバーフェス)は「トリプルメイン」なんて銘打たれて、NOAHの看板背負ってるというのがあるから、比較対象という部分もあっただろうし。(DDTの)秋山(準)もそれなりにクオリティー作ってくると思ったりもして。

――あの大会に関しては武藤選手がNOAHの代表でした。

武藤 タイトルマッチが並んで、ベルトの価値はチャンピオンとイコールになってくるわけだから。

――いろんな要因があってのムーンサルトだったわけですね。

武藤　プロレス始めたころから言ってるけど、プロレスはアート。昔の絵画とかベートーベンの音楽とか、本当の芸術家ってなにか残すためには破滅的なものが必要というか。破滅主義者みたいな、芸術家ってそういう部分あったりするんだよ。それはいけないと思うけど、あのときはそういう感覚が上回ってしまったから。

藤波さんみたいに思わせぶりで試合するのもいいかも

――アーティスト欲が勝った？

武藤　プロレスもそう。大勢の観客に見られてたら、普段できない技だってできたり。あの破滅的な感覚はよくない、同じアートでもプロレスでは。

――肉体的代償が大きいですよね。

武藤　そうなんだよ。ある程度計算したことをしたほうが…って、それも難しいけどさ。あと、あの試合もひとつのアートだけど、（２０２１年）２月の日本武道館から始まった俺の（ＧＨＣヘビー級）チャンピオン像の全体的なアート。それも完成させたかったから。

――潮崎戦で未遂に終わったムーンサルトを出すことで、ひとつのピリオドを打った？

武藤　俺の中のひとつのストーリーになってるわけだ。そのパーツを入れなかったら、俺の未熟さになったというか。入れない方法論があればよかったけどなかった。それも俺の未熟さかもしれない。

――観客の反応を見るとムーンサルトは大正解だったと思いますが。

武藤　あとから考えたけど、あれはレッスルユニバース（ＮＯＡＨ、ＤＤＴ、東京女子プロレスなどの動画配信サービス）に加入してるひとしか見られない。どうせそこまで背負ってやるなら多くのひ

ヒザの人工関節手術後、禁を破って丸藤を相手にムーサルト・プレスを出してしまった（2021年6・6さいたまスーパーアリーナ）

とに見てほしかった。ABEMAの試合のときにやればよかったなんて思ったりして（笑）。

――そこをあえてやるところがまたカッコいいんじゃないですか。

武藤　思い出を背負って試合するとか言ってきたけど、思い出が強すぎたな、今回の試合は。

――あれだけのペースでタイトルマッチをやっていれば、いずれはムーンサルトも期待されます。

武藤　期待されても素振りを見せなきゃいいだけで。2月の試合で素振りを見せた時点で始まってる。終着を作らなかったら、あの素振りがウソになっちまうわけで。

――プロとして「素振り」の落としどころを作った？

武藤　だからそれが失敗、ムーンサルトに依存しちゃったことが。

――でもタイトル奪取の日から描き始めた絵は完成したのでは？

武藤　見てる側は一瞬で忘れると思うけど、レスラーからしたら記憶しておかなきゃいけないものだから。線にしなきゃいけない。線にするのが俺らの仕事っていうか。

――ファンはまた見たいと思うんじゃないですかね。

武藤　いや、もうねえんじゃねえか。トークショーでも公言したよ。「飛ばないで思わせぶりだけでずっとやる」って（笑）。藤波さんだって晩年はそうだったよ。

――確かにドラゴン・スープレックスの体勢に入るけど、投げなくなってました。

武藤　だろ（笑）。

ムーサルト・プレス 後編

新人時代から使い続けている理由は「できるから」今後は「ムーンサルトはなくてもいい試合します」

『週刊プロレス』2021年8月4日号掲載

あらためて〝武藤のムーンサルト〟はすごいと再認識させた試合から1カ月以上経過。いまさらながら「なぜ新人時代からムーンサルトを使っているのか？」という質問をしてみた。するとじつにシンプル、かつ武藤らしい答えが返ってきた―。

アイアンクローみたいな技が好きなんだよ

――丸藤戦であらためて武藤選手のムーンサルトは価値があると証明されましたよね。

武藤　いろいろ騒いでくれたから。ツイッターでバズったりSNSで話題にしてくれたり。

――もしかしたらあれが人生最後のムーンサルトになるかも…。

武藤　そうだね。だって医者に言われたんだから。「男と男の約束破ったな」って（苦笑）。

――いまの武藤選手にそこまで言える人もほかにいないのでは？

武藤　だってムーンサルトやればある程度反響をとれるのはわかってるわけだから。ある意味切り札。その切り札を使ったことに対して、使うべきだったのかって反省はありますよ。

――でも結果としてムーンサルトを決めても壊れなかった人工関節ってすごくないですかね。

武藤　ダメだよ、（担当医は）そういう感覚じゃない。

――医学の進歩を証明できたのでは？

武藤　大腿骨折ってたらもう歩くことはできない、ずっと車イスって言われてたから。紙一重だよ。

――あの試合後、最初の定期検診は気まずかったですか？

武藤　気まずかった（苦笑）。家に帰っても女房から怒られるし、こっちは一生懸命働いたのにみんなから文句言われるんだよ（笑）。

――でもムーンサルトに代わるものはなかなかできないですよね。

武藤　新しいものがあればいいけど、説得力を作るのは本当難しい。俺がやれる技って、いまの若いヤツもみんなできるわけで。いまはプロレス界も小型化して、動き自体が軽業師みたいな説得力の作り方が主流になってる。でも、俺はもともと握力が強かったから、フリッツ・フォン・エリックの鉄の爪とか、ああいう技好きなんだよ。俺、テキサスでやってたときは鉄の爪がフィニッシュだったし（笑）。

――アイアンクロー！　ちなみにいまさらですがなぜムーンサルトをフィニッシュホールドにしたのですか？

武藤　できるから（即答）。

――新人のころからできた、と。

武藤　ほかに使ってるヤツもいないし。とんぼ返りとか得意だったからさ。デカい体でもバック転、バック宙、小学校のころからやってて、大きくなってもずっとできるよ。

新日本時代、鉄の爪フリッツ・フォン・エリックの次男ケビン・フォン・エリックのアイアンクローに捕まった武藤。本当は武藤自身がこの技を使いたかったらしい（1986年11・3後楽園ホール）

髙田戦の貯金で20年くらい食ってきた

――当時、新人でムーンサルトを使っていれば大注目でしたよね。

武藤　とくにアメリカ。アメリカであんな動きやってる選手いなかったから。プランチャやっただけでビックリしてたもんな。最初にアメリカ行ったときって、真っ白なキャンバスに絵を描く気持ち。首4の字とか鎌固めでギブアップとってたよ。だから最初のころはおもしろかった。もちろんムーンサルトもあるんだよ。それがあって、そういうこともやるからよけい厚くなるじゃん、俺自身のレスラーとしての幅が。

――若手時代のアメリカ遠征はすべて好反応だった？

武藤　なにやっても俺のスペシャルになっていたからね。

――極端な話、ボディースラムでも沸きました？

武藤　ボディースラムはやらなかった。なんでやらないかってバイトで来るようなヤツにボディースラムできねえよ。危なくて。相手をそこまで信用してないからさ、誰にでも使える技ばっかりだよ。

――ムーンサルトはシンプルです。

武藤　シンプルだけどやってる選手いなかった。

――そのあと足4の字固め、シャイニング・ウィザードとフィニッシュも変化しました。

武藤　ヒザが壊れてドラゴンスクリューと足4の字ができて、そこで説得力を作れた。ムーンサルトに依存しなくなったから、残りの20年以上か。寿命長持ちしたよ。

――GHC王者としての防衛戦でひと通り引き出しは開けました？

武藤　貯金使い果たした（苦笑）。いや、たぶん金利だけ使い果たして、まだ元本は残ってんだろ（笑）。

――もう新技って気持ちはないですか？

武藤　難しい。そこはわかんない。現役を続けている以上俺も考え、迷いながらやっていくしかないよ。

――ムーンサルトはできると証明してしまったから、今後も期待はされそうですが。

武藤　結果みんな喜んでくれて、俺も無事だったからよかった。イメージの貯金じゃないけど俺の代表作である髙田延彦戦があって、あのときの貯金で20年くらい食ってきたけど、今回で少し貯金ができたからまた少し延びただろ。

――今後はもうムーンサルトには期待しないでくれという気持ち？

武藤　いやいや、「期待しないでくれ」っていうのはプロとして言ったらいけないだろ（苦笑）。「ムーンサルトはなくてもいい試合しますよ」ってところだよ。

――いまの武藤選手は入場シーンだけで価値ある選手です。

武藤　まだ、そこ行きたくねえんだよなぁ。まだ、若いヤツと同じ土俵で勝負してえよ。

――あのムーンサルトを見れば、まだまだ勝負できますよ。

武藤　リングが水面だったらまだやれるよ。プールみたいに（笑）。

――そんなこと言うと高木（三四郎）社長（ＮＯＡＨ、ＤＤＴなどを統括するサイバーファイト社長）に水上プロレスとか企画されますよ。

タッグ

前編

東京オリンピックの柔道を見て感化を受けるプロレスもタッグマッチのルール厳格化を主張

『週刊プロレス』2021年8月18日号掲載

当初、今回のテーマは〝タッグパートナー〟についてだった。しかし取材時の武藤は東京2020オリンピック（2021年夏開催）の柔道に感化されており、話はタッグマッチのルールについてとなった。というわけで今回と次回のテーマは〝タッグ〟に変更して話を進めることにする。

最初から4人が入り乱れると訳わからなくなる

――歴代パートナーを振り返るといろんな選手がいましたね。

武藤　自慢じゃないけどいろんな選手といろんなタッグベルトを巻いたのも、俺のひとつの自慢だよ。

――つまり自慢ですね…。

武藤　ＷＣＷではもちろん新日本のときも日本人だけじゃないから、パートナーは。タッグリーグとか外国人とよく出てたよ。

――ベストパートナーは？

武藤　わかんない。試合のＴＰＯによって全然違うし。まあ役割として蝶野や馳はアイツらが頑張って受けて、俺がオフェンスだった。

――パートナーがディフェンスで。

武藤　外国人がパートナーだと逆に俺がディフェンス。リック・スタイナー、スコット・ノートン、アメリカではテリー・ファンク、バズ・ソイヤー。全日本では（太陽）ケアがやりやすかったな。ださ、いまオリンピックやってて、もともと柔道やってたから見てるけど、俺らがやってたころの柔道と違って判定がない。勝負つくまでやる。そのほうがわかりやすいよ、普通の人が見て。判定だと「なんでこっちが勝つんだ⁉」っていうのがあるけど、それがない。

――それがタッグの話とどう結びつくのでしょうか？

武藤　いまの柔道はわかりやすいけど、プロレスのタッグマッチはレスラーたちがルールを壊していった。初めて見るひとはタッグマッチって「４人で入り乱れていいの⁉」って思うよ。むかしはレフェリーに見られてないところで２人で１人を攻撃して、それでお客が怒った。いまは最初から入り乱れてるから、プロレスをわかりづらい方向にしてる。

――合体技もレフェリーの前で堂々と決めたりしますしね。

武藤　オリンピックというかスポーツは見る側の視点に立っておもしろくない、わかりづらいものはどんどんルール改正してる。つまらない競技ははじかれる、オリンピックから。プロレスもそういうところで一度ルールの統一をすべきだよ。訳わかんない、タッグマッチはとくに。２人で攻撃したらダメなんだよ、本来。それが（プロレスが）広がっていかない理由だろ。最初から入り乱れていいんならタッチする意味ないよ。

――それはプロレスを知っていればおもしろいところですが……。

武藤　合体技とかアクロバティックな技しか受けない、その感性が俺はすごくイヤなんだよ。体操やダンスやってるんじゃないんだから。そこは俺は解せない。それを解せるひともいるとは思うけど。

――プロレスのよさを知らないひとからすると理解不能ですかね？

武藤　メキシコなんてノータッチで出ていいんだよ。あれなんてやる方もわかんない。一回やったことあるけど。ただメキシコは金的一発でコミッショナー出てくるから。試合中止って。だからプロレス団体は勇気をもってタッグマッチを原点に戻してもいいかもしれない。それがないとヒールが２人がかりで攻撃して、「アイツ、ズルいじゃん！」っていう客の感情もなくなってつまんないよ。

馳はなかなかタッチしてくれない

――でも武藤選手自身も小川良成選手と組んだ試合で足４の字固めの競演をしましたけど、あれはいい絵でした。ルールを厳格化するとああいうのは見られなくなります。

武藤　あれもいけない、本当は（苦笑）。でも実はそこにストーリーもあって。１対１でやっていてパートナーが不利になって、ノータッチでも助けに行く。相手が出て来たからこっちも足４の字をかける。本当はタッグマッチのストーリーがあるんだよ。

――それがいまは〝絵作り〟のためにやってると思われがちです。

武藤　そこがもったいない、非常に。俺たちがルールを守れば、それに則っておもしろいことといっぱいできるんだよ。プロレス界は自分で自分の首を絞めてきた。俺らだってどう説明していいかわからない（苦笑）。「なんで試合権利がないのに闘ってるの？」って聞かれたらどう説明していいんだよ⁉

太陽ケアは一緒に組んで闘いやすいパートナーだったという（写真は2001年10・28福岡国際センター。武藤&ケアがIWGP&世界タッグの2冠王に）

――わからない話はこのへんで、タッグの話に戻るとパートナーでやりやすかったのは誰ですか?

武藤　ケアはやりやすかったね。

――武藤&馳組はバランスが抜群に見えましたがどうでしたか?

武藤　馳は一回出たら戻ってこないんだよ(笑)。

――馳選手は出たがりだったと。

武藤　だから「どうぞどうぞ」って(笑)。ほかの選手は怒るかもしれないけど、俺はいいよ。

――ケア選手は同世代の馳選手と違って後輩でした。

武藤　ケアはうまかった。俺が引き上げる必要もないし。能力的になんでもできたからよかったよ。

――逆に組みづらかった選手は?

武藤　パートナーってわけじゃないけど、若い時の俺はどういう訳か、いつも猪木さんの隣だったな。

――猪木さんとは組みにくかった?

武藤　外国人にやられて猪木さんにタッチ。そこで猪木さんが最後にダーッって(笑)。まあまあ、それも当時の役割だから。誰がやりづらかったかなぁ…。たぶん俺と組んだヤツのほうがやりづらかったと思うよ(苦笑)。俺はやりづらいヤツはいなかったな。

タッグ

後編

日本人と組んでも外国人と組んでもOK「じつはタッグ屋」と気づいて自画自賛も納得

『週刊プロレス』2021年9月1日号掲載

オリンピックに感化されタッグマッチのルールについて話が弾んだ前回。今回は当初聞きたかったタッグパートナーについて大いに語ってくれた。話しているうちに多くの選手と組んできた過去に自画自賛となるも、それも納得の実績！

タッグはプロレスの醍醐味

――武藤選手のパートナーというと蝶野正洋選手の印象は強いです。

武藤　蝶野とタッグはそんなに組んでねえんだよ。nWoのときも小島とか天山（広吉）と組むほうが多かったような。蝶野がnWoにいたのは短いんだよ。すぐTEAM2000で敵対したから。

――まだ反体制になる前、白タイツの蝶野選手とも組んでました。

武藤　蝶野が地味で俺は派手。それがいいカラーというか、両方派手でもよくないんだよ。やっぱり揺るぎないタッグ屋はファンクスとかスタイナー・ブラザーズとか、兄弟だから。ロード・ウォリアーズは兄弟じゃないけど、タッグでしかほとんど仕事してないからな。

――日本のプロレス界にはタッグ屋はほぼいないですよね。

武藤　そこまでの土壌がまだないじゃん。いくら新日本がデカいといったって、アメリカみたいにレスラーがそのへんに転がってる市場じゃない。ただ、プロレスの醍醐味だと思うんだよ、タッグは。プロレスでしかできない。力道山時代からシャープ兄弟とやってるわけで。1対1ではできないことが2対2だからこそできたりするんだよな、タッグは。

――いろいろ幅が広がりますよね。

武藤　だから海外はシングルやって、その次にタッグで抗争するパターンも多い。日本はタッグやって次はシングルしかないけど。

――日本はどうしてもシングル至上主義というか…。

武藤　向こうは違う。アメリカはバトルロイヤルがメインもあるからね。日本は前菜のひとつとして見てるけど、だから感覚が違うんだよ。日本はマーケットが限られてるから、一人何役もこなさなきゃいけない。アメリカじゃ絶対許されないパートナー同士も闘わせるからな。日本はやっぱり市場が小さいから、30人なら30人のレスラーで回さないといけない。アメリカみたいに次はこっち、みたいな世界じゃないから難しいよ。

――いまNOAHで組むとしたらパートナー候補はいますか？

武藤　もうジェネレーションが違うからなぁ。過去の思い入れをもってくるとしたら北宮とかね。マサ（斎藤）さんのこと被せてできるかなと思ったりもするし。それか清宮とか。彼がいまから時代を担っていくんだったら、（タッグ結成も）あるのかなとも思ったりする。ただ、自然な流れなら丸藤だろうな。同じユニット組んでるから、それがいちばん自然だな。

――究極の夢としては武藤&ムタ組とか見たいです。
武藤　そんなのできるわけねえじゃん（苦笑）。
――いや、全日本時代、武藤&ムタで表紙特写した記憶があります。
武藤　（苦笑）。

天龍さんと引退前に組めばよかったなぁ

――ムタこそ究極のシングルプレーヤーですかね。
武藤　そんなことないよ。ＴＮＴとも組んでたし、ＴＡＪＩＲＩともよく組んだよ。お父さん（ザ・グレート・カブキ＝アメリカではムタはカブキの息子という設定）とも組んだしな。でもいま考えると新日本プロレスって昔からタッグは尊重されてないよな。仲間割れしちゃうもんな。藤波さんと長州さんみたいに。でも俺的にはマサ（斎藤）&長州組とかよかったよ。２人ともレスリングの基礎がしっかりしてたし。長州&（アニマル）浜口組もよかったな。浜口さんは長州さんの強引なスタイルに消されねえよ。マサさんなんて体だけで消されないから。
――長州&浜口組はハイスパートレスリングで、プロレスのスタイルを変えたと言われてます。
武藤　だからあのへんがプロレスを壊したんだよ（笑）。
――壊したからこそ歴史に名を残せたのでしょうね。
武藤　そうだよ。で、壊して得してるのは長州さんだけだよ（笑）。藤波さんのパートナーって誰？
――代表格は木村健悟さんじゃないですかね。
武藤　ちょっと弱いなぁ…。

――いや、いや…藤波&木村組も味のあるチームでした！

武藤　でも俺が組んだチームは全部トップで争ってる。俺、タッグ屋なんだよ、じつは（笑）。

――シングルでもすごい実績なので〝なんでも屋〟ですね。

武藤　外国人とも組めるよ、俺は。日本人は組めないヤツ多いから。

――そこまで潔い自画自賛だと嫌味に聞こえません。たしかに長州さんとか絶対外国人と組めなそうですし。

武藤　組めない組めない（苦笑）。試合やるのも嫌がる。俺のひとつの自慢だな、これだけ多くのレスラーと組んできたのは。いろんな選手と組んで実績も残してきたはずだ。（ハルク・）ホーガンとも組んでるし。

――そのあたりと絡める日本人選手は今後も出てこないでしょうね。

武藤　絡めないよ。もちろん猪木さんとも組んでるし。天龍（源一郎）さんと組んだかな？　ないな。天龍さんと引退前に組めばよかったなぁ。

――タッグに関してはそれが唯一の心残りですね。

武藤　まあ、過去のこと言っても仕方ない。よし！　近い将来、NOAHでタッグのベルト取りに行くかってことで締めくくるか。

――締めまで考えていただいて恐縮です…。

ムタとしてホーガンと組んだこともある(1993年9・23横浜アリーナ)

リーグ戦 前編

リーグ戦は日本人特有のプロレスの見方だからこそ選手はしんどくても新しいスターやドラマが生まれる

2021年9月12日～10月3日、NOAH「N-1 VICTORY」に初出場した武藤にとってシングルのリーグ戦は12年ぶりとなり、58歳にして大きな挑戦となった。過去には新日本、全日本で輝かしい実績を作ってきたリーグ戦について語る。

『週刊プロレス』2021年9月15日号掲載

汗かいてへばると選手はいい顔になる

――リーグ戦ってプロレス界では日本特有の形ですよね。

武藤 世界のプロレスにはあんまりないな。とくにアメリカは流れとかストーリーを大事にするから。リーグ戦で潰し合うのは嫌うよ。

――リーグ戦はその期間中だけで完結してしまう流れ。アメリカはもっと長いスパンで見てる？

武藤 そこにビジネスモデルをもっていかない、アメリカは。勝ち負けの消化はそんなにしないよ。逆に言ったら向こうはタレントを大事にしてるってこと。

――リーグ戦は短期間でトップ同士のシングルを消化してしまうからおもしろいとも言えますが。

武藤　そこは日本人特有のプロレスの見方というか。スポーツライクの視線で見てくれるから。むかし俺が「G1　CLIMAX」や「チャンピオン・カーニバル」に出ていたときはしんどかったけどさ。G1なんか毎日、両国（国技館）行ってた年もあったよ。

——最長1週間で3連戦、5連戦は当たり前。ただ都内の同会場連戦は、地方巡業より移動がない分よくないですか？

武藤　だけど通しで見られるわけだからな。まあ、自然に汗かいてへばった表情っていい顔になるんだよ、レスラーたちが。

——それだけで見るポイントが自然に生まれます。

武藤　リーグ戦ってそれまでをお客も追ってくれてるから。俺たちもへばって苦しい思いしていても頑張れる。いろいろドラマも生まれるし、その時代時代のスターが生まれる可能性も高いよな。

——はい。だから見ていておもしろいんです。

武藤　やってるほうはしんどいけどな（苦笑）。

——武藤選手が準優勝した第1回のG1（91年）は理想的なリーグ戦だったと思います。

武藤　当時の両国国技館はマス席に座布団敷いてたから。俺、座布団に埋もれたことあるよ。

——あの年は決勝で武藤選手を破り優勝した蝶野正洋選手に座布団が舞いましたが、最終戦じゃない日も座布団は舞ってますよね。

武藤　そうだよ。（2日目に）俺がベイダーに勝ったときも座布団に埋まったよ。

——翌日は蝶野選手に負けて…。

武藤　また座布団に埋もれた（笑）。

——そういうのもリーグ戦ならではの観客のリアクションですかね。

第2回G1では俺たちも蝶野に感情移入した

武藤　ＷＣＷの選手がたくさん来てトーナメントやった年は決勝がリック・ルードと蝶野。あのとき蝶野は首悪くてな。「大丈夫か!?」って心配してたよ。

——第２回のＧ１です。それもまたシリーズ通じてのドラマでした。

武藤　首動かなくて、当事者の俺たちも蝶野に感情移入しちゃってた。「大丈夫か、コイツ!?」って。で、優勝したから結果的にすごいドラマになった。

——そういうのはタイトルマッチひと試合では生まれないですよね。

武藤　そうそう。

——ちなみにＧ１は武藤選手の優勝は１回ですが準優勝は３回です。

武藤　あっ、そう？

——準優勝の時の決勝の相手は１回目が蝶野選手、99年が中西学選手、01年が永田裕志選手です。ある意味、武藤選手が踏み台にされたような…。

武藤　いまでも中西にアルゼンチン（・バックブリーカー）で抱え上げられて、そこで終わる試合が映像で流れていて見たりするよ（苦笑）。でもあの日は中西とやる前に2試合やってるよな。

——最終リーグ戦で小島聡戦、ブロック同点首位となったから代表決定戦で永田戦をやって決勝の中西戦。第三世代が３人がかりで武藤選手を倒した構図でした。

武藤　１日３試合やってんだよ。

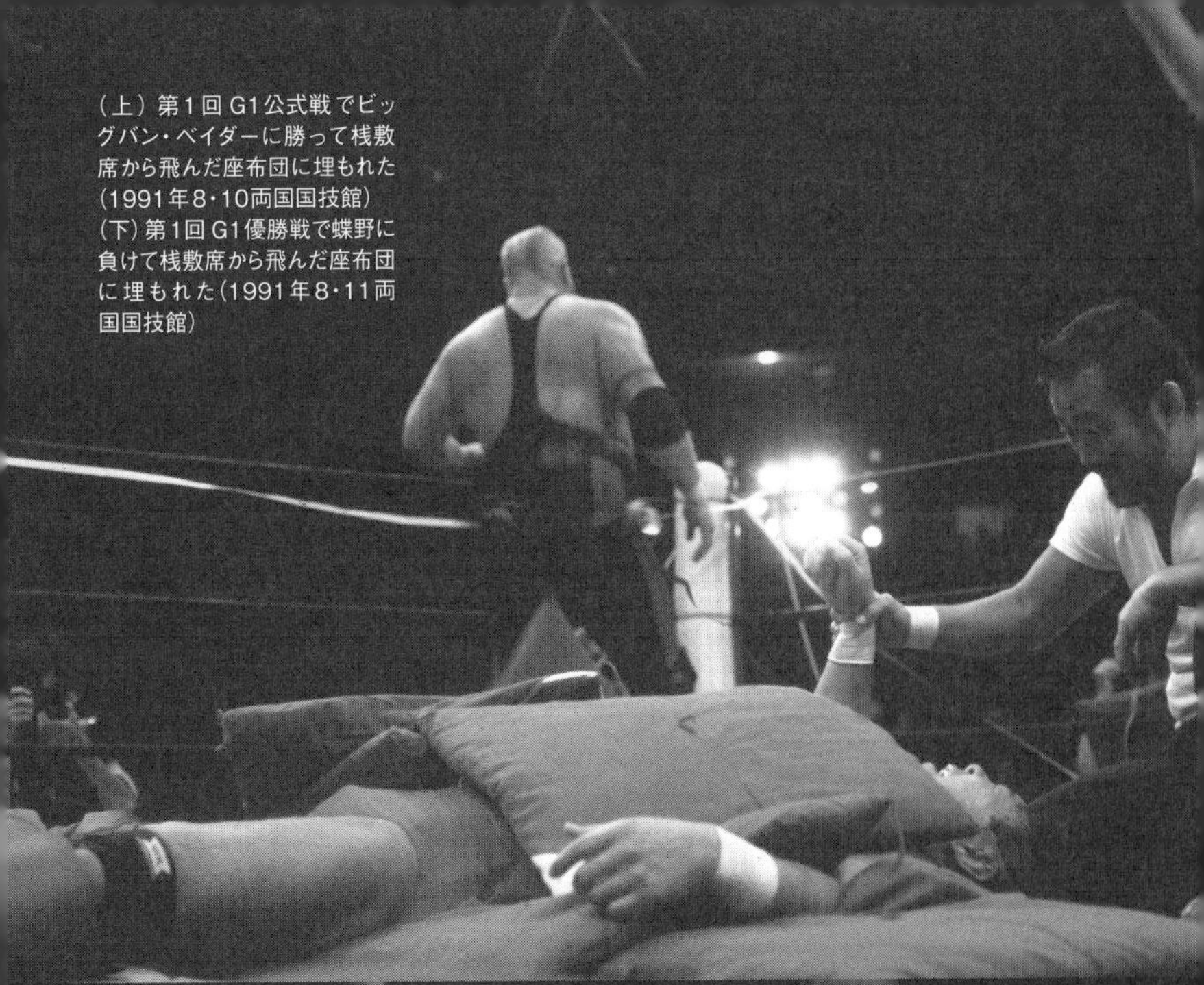

（上）第1回 G1公式戦でビッグバン・ベイダーに勝って桟敷席から飛んだ座布団に埋もれた（1991年8・10両国国技館）
（下）第1回 G1優勝戦で蝶野に負けて桟敷席から飛んだ座布団に埋もれた（1991年8・11両国国技館）

――ちなみに全日本のカーニバルは3回優勝してます。

武藤　カーニバルのリーグ戦は大事な試合でドローが多かった。棚橋ともドローで、船木（誠勝）とやった試合もドローだった。

――そのあたりはよく覚えてますね。でも優勝戦のことはあまり覚えてないものですか？

武藤　ウーン……チャンピオン・カーニバルの優勝はそんな覚えてないな。マイク・バートンと北海道で決勝やったのは覚えてる。

――全日本に移籍した最初の年（02年）です。

武藤　あのときも1日2試合してる。最初に小島とやって記憶飛んじまってさ。あとはあんまり覚えてねえな。

――カーニバルのほか2回の優勝戦の相手は佐々木健介選手（04年）と川田利明選手（07年）ですが、記憶はないですか？

武藤　G1優勝は覚えてるよ。あれは一回しか優勝してないからか。

――95年です。その年はIWGPヘビー級王者で優勝してます。

武藤　あのとき「チャンピオンは優勝できない」って吠えてたんだよ。で、俺が初めてだった、チャンピオンが優勝したG1は。

――リーグ戦優勝はチャンピオンになるのとは違う喜びですか？

武藤　リーグ戦はお客ができあがってるからね。会場はすごい盛り上がるよ、全体的に。もしかしたら内容的にはタイトルマッチより浅いかもしれないけど、お客全員できあがってるから。いまはどうか知らないけど。

リーグ戦 後編

日本のプロレスでリーグ戦が定着した理由のひとつは週プロはじめメディアが敗者も追ってくれたりするから

『週刊プロレス』2021年9月29日号掲載

NOAHのシングルリーグ戦「N-1 VICTORY」（2021年9月〜10月）に初出場した武藤がプロレスのリーグ戦に関する持論を展開。「負けの美学」があるからこそ…という説は週プロにとっても興味深い話となった。

踏み台をちゃんと踏み台にした

――リーグ戦は星取り状況など気にした上で見るので、試合前から観客ができあがっているところはありますよね。

武藤 そういうなかでいつの年のG1か忘れたけど、ヒロ（斉藤）さんが出て両者リングアウトばっかりやったんだよ。

――00年の第10回のG1です。

武藤 あれはあれでよかった（笑）。最初は「なんだよ!」って思うけど、2試合3試合続くと盛り上がってくる。人間心理っておもしろいもので。

——普通は勝利を目指しますが、両リン狙いを続けるというのも…。

武藤　ロングランだから伝えることができるものってあるよな。リーグ戦通してずっとやってたら、それは目につくよ。

——目にはつきますけど、優勝する意思は感じられないですね。

武藤　そうだな（爆笑）。

——ヒロさんが出たG1は4ブロック制の年でした。人数はいまと同じ20人で。

武藤　リーグ戦は少ないほうがいいよ。どうせなら10人とか8人って決めて、そこに上がるためのストーリーがあったほうがいいな。

——そういう意味では8選手だけ出た最初のG1は秀逸でしたね。白星配給係的存在がいない。

武藤　それで蝶野が優勝したんだもんな。

——大穴でした。長州さんの全敗も衝撃でしたが、その5年後には全勝優勝してます。

武藤　そんなの関係ねえんだよ、長州さんは（笑）。あの年の決勝は絶対俺が勝つと思われてただろうな。それで蝶野が勝ったから座布団が飛んだんだよ。

——予想外すぎる結果でした。

武藤　リーグ戦の決勝って正直誰でもいい。誰でも盛り上がる（笑）。

——蝶野選手はあの優勝で格をすごく上げました。

武藤　蝶野だけじゃなくて闘魂三銃士のステータスが上がったのはあのG1だよ。

——逆に言うとG1がいまも続いているのは、第1回の三銃士の活躍のおかげとも言えます。

武藤　俺はのちに中西、永田とか後輩と決勝やったけど、第1回は長州力が踏み台になってくれた。

（ビッグバン・）ベイダーとかも。で、俺たちはその踏み台をちゃんと踏み台にしたんだよ。

――それは深い言葉ですね。

武藤　そう？　誰でもスターになり得る土俵ではあるんだよ。

――そうですよね。リーグ戦に出場できるってことは実力はあるわけですから。

ヤングライオン杯とか若手のリーグ戦はおもしろい

武藤　リーグ戦を制覇すれば週プロの表紙になる可能性も高いし、その一瞬は確実に注目を浴びる。それを持続させるかどうかは本人次第だけどな。
――だから日本はリーグ戦を開催するのでしょうね。
武藤　そこが日本でリーグ戦が定着したひとつの理由であって。長州力が全敗しても、そのあとまた復活してる。アメリカのプロレスだと復活しづらいというかさ。
――全敗したら取り戻せない？
武藤　アメリカのほうがそういうところは厳しいかもしれないな。
――だからリーグ戦はできない？
武藤　これはもしかしたら週刊プロレスのおかげかわからないけど、活字メディアが負けた選手にもスポット当てたりするのが日本のプロレスのスタイル。週刊プロレスはじめメディアが負けの美学じゃないけど、敗者も追ってくれたりするって理由もあるんじゃないか。
――たしかにメディアは敗者の方が取り上げやすい面もあります。
武藤　でも前にも言ったとおり、アメリカって選手を使い捨てできるから怖いんだよ。だからリーグ戦がない。たぶん全敗なんかしたら次は出さない。違うところから選手持ってくるよ。日本はひとつの団体で同じメンバーで何年も回さなきゃいけないから。

――たしかに○年連続で出る選手ってどのリーグ戦も多いです。

武藤 日本はそこまで新陳代謝してないから、それで俺たちは生きてきた。その分、俺は得してる（笑）。お客が齢58の武藤敬司がどのへんまでいくと予想してるかが気になるよ。リーグ戦突破できるのか⁉とか。どうやって見られてるんだろう？って逆に気になる。

――今年（2021年）はGHCヘビー級王座も取ったし、いいところまでいくと思われてるんじゃないですかね。

武藤 そうかな？　そういえばいま新日本でヤングライオン杯ってやってんの？

――定期的にはやってないですね。

武藤 若手のリーグ戦はおもしろいけどどな。技術がどうとかじゃないじゃん。でも、いまはベテラン集めるより若手集めるほうが難しいか（笑）。

――はい、どの団体でも。

武藤 これがアメリカの土壌と違うんだよな。アメリカだったらルーキーたくさんいるけどな。

――でもアメリカの新人はヤングライオンっぽくないですよね。最初からキャラが立ってるというか。

武藤 最初からキャラ作ってくるから。それひっくるめて向こうではレスラー。リングに上がってから作り上げるわけじゃない。でもヤングライオン杯って絶対未来だよな。毎年やってほしい。

日本プロレス70周年 前編

変わることができるジャンルだからこそ生き延びた
70年前のプロレスは善悪の世界でわかりやすかった

『週刊プロレス』2021年10月13日号掲載

日本で初めてプロレス興行が開催され、力道山がデビューしたのが1951年。2021年は日本プロレスにとって70周年の記念イヤーとなった。70年の間に大きく変化を遂げてきた日本のプロレスについて武藤の考えは…。

キャッチルールを一回やったことあるけどギブアップ負けした

——2021年は日本でプロレスが始まって70年の節目の年です。

武藤 なにごとも継続って素晴らしいことで。ただ、ほかのプロスポーツと比べてまだ70年は短くもあるよ。俺もすべて通して見たことはないけど、むかしの試合映像見たことあるけど、やっぱり時代時代でプロレスの形態は違うし、変わってきてる。変わることができるジャンルだからこそ生き延びた部分もあるだろうな。

——ほかのプロスポーツと比べてもかなり…。

武藤 変わってきたというか、変わっても許してもらえるというか。

——協会などが規定する厳格な統一ルールがないですからね。

武藤　やっぱりほかのプロスポーツと比べて厳格なルールがない部分が特殊。絶対これはオリンピックではできない（苦笑）。加入されないよ。そもそも反則が許されるスポーツってないと思うし。それがおもしろいところ、プロレスの。

——純粋なスポーツ要素だけでなく、多くの要素が含まれているというか。70年前は違いますかね？

武藤　違ったと思う。もっと緻密じゃなかったし、ガサツだったんじゃないか、全体的に。ガサツさがスゲーおもしろかったと思う。バスを引っ張る怪物（グレート・アントニオ）、ヤスリで歯を研ぐ（フレッド・）ブラッシーとかさ（笑）。人間じゃない存在がいっぱいいたじゃん。

——花を食べる外国人（ボボ・ブラジル）もいました。

武藤　あと、俺らはそれが生まれたときから存在してるから普通だけど、マスクマンなんてプロレス以外は銀行強盗くらいしかいなかったんじゃないか（爆笑）。でも、いまはそういうのはいない。俺たちの時代は週刊プロレスで「まだ見ぬ強豪」が作れたよ。ファンもそれを楽しみにできた。いまは作れない。だからすごい難しい世界になってるよ、むかしと比べて。

——ほかのプロスポーツは厳格なルールがあるから、まだ見ぬ強豪はそもそも作りようがない？

武藤　猪木さんからむかし聞いたけど、プロレスって元を正せばパンクラチオンくらいからあって。近代プロレスはアメリカから始まってるだろうけど、日本にプロレスがきて70年。そのなかでメキシコにもあるし、ヨーロッパにもあった。いろんな地域にあったものでオリンピックのなかにこそないけど、世界に広くあるよな。

——統一ルールがないわりには世界に浸透してますね。

武藤　むかしヨーロッパはキャッチっていってラウンド制で地味な試合だよ。俺も一回やったことあるけど、手を取られてもうひとつの手で肩叩いたらギブアップで負け。俺、癖ですぐ叩いちゃうからさ（笑）。

――武藤敬司はキャッチルールは弱かったと。

武藤　（苦笑）。だけど70年前のプロレスってわかりやすいと思う。ベビーフェースが日本人で外国人がヒール。その図式が明確だから。

今の時代なら馬場さんと猪木さんはヒール

――実際の戦争をリングに投影していたというか。

武藤　だからアメリカでは逆に日本人がヒール。下駄履いて塩撒いて。善悪の世界。でも基本ずっと善悪だな。仮面ライダーもウルトラマンも、ヒーローが悪の怪獣とかと闘う。それと一緒。それがノーマルな図式なんだよ。

――時代問わず不変ですね。猪木さん、馬場さんの時代まではそれがわかりやすかった気はします。

武藤　いま馬場さんと猪木さんがいたら、見た目からしたらヒールだろうな。普通にデカいし（笑）。ただ、むかしはもっとデカい外国人とやってた。だからプロレスって元々敵がいないと成り立たない、闘うテーマが重要だったりするよ。

――ほかのスポーツとは違うところですかね、そこは。

武藤　パンクラチオンなんてむかしはライオンと虎を闘わせたり。どっちが強いか!?っていうテーマで。そんな話聞いたことあるよ。本能にあるんだろうな、人間である以上強さを求める部分は。でもいまの世の中は暴力禁止、戦争もない世界。闘争心は薄くなってるよ。中和される世の中になって。

――テレビの世界も痛みを伴うお笑いに規制がかかりそうです。

武藤　なんで？

――放送倫理・番組向上機構（BPO）の議題になるようです。プロレスもマズくないですかね？

武藤　ヤバいか。地上波がダメってこと？

――はい。でもネットによって世界で日本のプロレスがより評価される可能性はありますかね。

武藤　俺は海外に住んでる時間が長かったりもするからわかるけど、外国人ってもっと野生児。兄弟喧嘩でも殴り合ってる（笑）、サモア系の兄弟なんて。日本人はわかりづらい。アメリカ人がカッコいいと思うヤツはデカかったり、そういうところに美を求める。でも日本人は中性的だったりする。

――最近はたしかによりその傾向が強いですね。

武藤　そうだよな。でもプロレスはまだ受けの美学があって、カッコいい技でカムバックしたり。まさしく耐える強さとか、一般社会にも通用する世界だと思うけどね。

――批判されるものではないと。

武藤　そうだよ。

日本プロレス70周年 後編

100周年のときは宇宙でロボットプロレス!?新しい時代に進もうとチャレンジしてるのはNOAH

『週刊プロレス』2021年10月27日号掲載

日本にプロレスが来て70周年の節目に武藤と考えるプロレスの未来。将来的には人間同士の肉体のぶつかり合いではなくなることもあり得ると武藤は予想している。天才が考えるプロレス100周年は地球から飛び出して…。

家の中ではテレビばかり見てる

――この70年で日本にプロレスは定着しましたが、今後100周年まで続いていけますかね？

武藤 仕組みは変わるかなぁ…。地上波ではなくなるよな。

――いまでも地上波レギュラーがあるのは新日本だけですよ。

武藤 かといって新日本もそうだし、NOAHもいま頑張ってるけど、やっぱりワールドワイドだよな、時代は。

――テレビの世界はすでに大きく変化してますよね。いまは無料の地上波だけでなく、有料チャンネルもたくさんあります。

武藤　わかんないけど見たいものには金出して見るよな、いまでも。

――それでも地上波はなくならないですね。

武藤　それはそうだよ。いまやみんな生まれたときからあるものだから。俺は午前中に仕事が終わるときは午後なんてずっとテレビだよ。録画してるの見たり。これがもし江戸時代でテレビのない時代だったら、俺、頭おかしくなってる（笑）。なんにもすることない。テレビに救われてるよ。

――武藤選手くらいの年代はそういうひとも少なくないでしょうね。

武藤　病院に入院してテレビがなかったら鬱になってより病気になるよ（苦笑）。

――いまのひとは入院したらスマホでＹｏｕＴｕｂｅとか見てますかね？

武藤　俺はちっちゃい画面ダメなんだよ。テレビだな、やっぱり。

――その感覚がいまの若者と違うかもしれません。

武藤　いまウチの娘が歌手目指して頑張っていて、ＹｏｕＴｕｂｅやってるけど全部自分で編集もして一人でやってるからね。

――そういう時代ですよね。

武藤　そういうセンスに長けてくるよ。俺たちみたいになにもできないままじゃなくて、自然に悩んで覚えていくんだろうし。

――いまや動画編集できることは珍しくないですしね。レスラーや団体も自分たちでやっているところも少なくないです。

武藤　世界中にマーケット広げて、世界中のひとが見るような企画を考えて。もしかしたら宇宙空間でプロレスやる時代がくるかもしれない。それでペイできる仕組みができたら、すごい大きなことできる気がする。あと生身の人間同士がやったら痛いから、マジンガーZみたいにロボットを着てプロレスやるとか（笑）。

俺はターミネーター

――そっちのほうが技術的にはすごい動きができます。

武藤　そうそう（笑）。

――そしたら武藤選手も70歳になってもできますよ。

武藤　そうだよ（笑）。まあ、むかしだったら絶対俺のヒザだったら試合できてないよ。いまは人工関節だからできるんであって。

――武藤選手はロボットプロレスの先駆けなんですね。

武藤　ターミネーターの域入ってるよ、俺（笑）。プロレス１００周年のときはみんなロボット着て、宇宙空間でプロレスしてるかもな。

――日本プロレス１００年まで見たいですよね。ボクもなんとか生きていられる可能性はあるので。

武藤　あと何年？

――30年です。

武藤　俺90歳近いよ。

――ボクは80歳です。この仕事はしてないでしょうが、観客として１００周年興行を見たいです。

武藤　俺は90歳でプロレスやってるかもしれないけどな。

――それを客席から見たいです。で、結論として日本のプロレスは１００年いけますかね？

武藤　これぱっかりはわかんない。いま頑張ってる業界のひとたちが盛り上げてくれないと。やっぱり根底に必要なのは口酸っぱく何度も言ってるけど、年収が上がるとかさ。多くの子供たちがあこがれる、そこがキーポイントだよ。

――100周年へのカギですね。

武藤　だからいまのプロレス界にとって俺は悪だよ（苦笑）。若い芽を摘む。

――でもプロレスラーとして頑張れば60歳近くまで現役でできると、いい受け取り方をしている若者もいるかもしれません。

武藤　そういう子供がいてくれるといいんだけど…。

――そうなると日本プロレス100周年まで武藤選手も頑張らないといけませんね。

武藤　90歳か…。でもいまバリバリのヤツらもみんなやめてないいんじゃないの？

――それはあり得ます。日本のプロレスって統一組織がなくても70年やってきてるんですから、いまの状態で100周年までいける気もしますよね。

武藤　わからないけど会社という部分でいったら全部なくなってるからな。残ってる会社ないだろ。力道山が作った会社も馬場さんが作った会社も猪木さんが作った会社も…まあ、全日本も新日本もあるけど、なくなってるようなもんだろ。いろいろあったし、オーナーも変わってるんだし。

――まあ、そうですかね。

武藤　新しい時代に進もうとしてるのはＮＯＡＨだよな。ＡＢＥＭＡと組んでむかしと違う新しいプロレスの形態にＮＯＡＨはチャレンジしてるよ。

藤波辰爾

前編

同じオールラウンダーとして新日本時代の「壁」「プロレスの基本形」だから闘うと落ち着く存在

『週刊プロレス』2021年11月10日号掲載

若き武藤にとって「壁」と言える存在だった藤波辰爾は2021年でデビュー50周年を迎えた。同年のドラディション10・31大阪・ATCホール、11・9後楽園ホールの記念大会には武藤も参戦。長い付き合いとなる藤波について、あらためて武藤に語ってもらった。

藤波さんはカッコいいプロレスラーの理想形だった

——藤波選手の50周年について話しましょう。

武藤　50周年！　猪木さんは去年（2020年）60周年だったもんな。

——猪木さんは引退してますが藤波選手は現役のまま50年です。

武藤　そうか、藤波さんって一回も引退試合してないよな。継続してるってすごいよ、うん。引退の「い」の字も出てこないだろ、藤波さんから。

——新日本在籍時代、「エピローグ・オブ・ドラゴン」と銘打たれたカウントダウンマッチで引退させられそうになっていた気もしますが…。

武藤　あっ、そうなの？　それは知らないなぁ。

――結果、引退しないで現役をずっと続けてるのはすごいです。

武藤　藤波さんって俺がまだ子供のころからやってるんだから。学生時代に見た藤波さんはめっちゃカッコよかったからね。

――イケメンレスラーの走りとも言える存在です。

武藤　うん。プラス体つきもすごくてさ。それこそいま流行してるカッコいいカラダのプロレスラーの理想形だったよ。

――ジュニアというカテゴリーを日本のプロレスに定着させたのも藤波選手です。

武藤　そうだよな。日本のプロレス界にとっていろんなパイオニアだよ。ドラゴンロケットとかドラゴン・スープレックスとか、いろんな技を開発してきたけど、いまはなにもやらなくなったな（爆笑）。

――いやいや、ドラゴンスクリューはやってますよ！

武藤　あっ、やってるな。

――あとドラゴンスリーパーもやりますよ。

武藤　そっか。あとなんだっけ？（ジェスチャーつきで）ドラゴンなんとかって…。

――ああ、それは雪崩式ドラゴンリングインですね。

武藤　技じゃないか（笑）。

――藤波選手は新日本を守ってきたイメージが強いですよね。

武藤　俺が新日本に入ったころ、誰から指示されたわけじゃないんだけど、俺の壁っていうのは藤波さんだったよな。

——系統的に藤波選手の流れは武藤さんに引き継がれた？

武藤　系統的かわかんないけど、長州さんじゃないんだ、俺の壁は。

俺や藤波さんは誰が相手でもいい試合をしないといけない立場だった

——棚橋選手がむかし言ってましたけど、新日本の陽の系譜は藤波選手→武藤選手→棚橋選手に継がれていると。

武藤　藤波さん、明るい？　棚橋だって明るくないよ（苦笑）。

——武藤選手の明るさとはたしかに違いますけど、リングのキャラクターの話です！

武藤　アイツはリングの上では明るくしてるかもしれないけど、地は暗いぜ、棚橋。藤波さんも…。

——すみません。ボクからはなにも言えないです…。

武藤　まあ、系統って意味ではレスリングとか、リングのスタイルな。猪木さんから伝わった保守本流の技術、スタイルだよな。長州さんみたいに強引じゃなくて。

——藤波選手はどんな相手にも通用するというか。

武藤　そう、オールラウンドだよ。誰が相手でもこなさなきゃいけない使命ある立場。そういう系統だったよな。

——そうです。藤波選手、武藤選手、棚橋選手はみんなそういう立場でした。みんなが長州さんのようなスタイルだったら組織が…。

武藤　成り立たない（苦笑）。俺らは誰とでもいい試合しないといけないというか。それがオールラウンドってことだよ。

——武藤選手は藤波選手にあこがれて、目指していたわけではないですよね？

武藤　あこがれてはないけど自然に…。やっぱりプロレスラーになった以上は一応オールラウンドの技術を磨こうとするよな、絶対。

——最初からオリジナルスタイルを押し通す新人はイヤですね。

武藤　そんなことやったら先輩からドヤされるよ（笑）。

——まずは藤波選手のようにオーソドックスな技術を身につけると。

武藤　どう見たって橋本と蝶野と俺を比べたら、俺がその系統に行かざるを得ないだろ、きっと。

——でも黒になってヒールになる前の蝶野選手は、オーソドックスで地味なスタイルでした。

武藤　あっ、もしかしたらそうかもしれないな。蝶野はそういうのが好きだったかもしれない。

——武藤選手が最初の海外遠征から凱旋帰国した初戦が、後楽園で藤波選手とシングルでした。

武藤　そのへんからずっと壁だったよ、俺の。

——相手としてはどうでした？

武藤　闘いやすいよ。やってて楽しいというか。いろんなヤツと闘ったあとで、たまに藤波さんとやるとホッとするっていうかさ。

——オーソドックスな闘いに戻ってこられた安心感ですかね。

武藤　スタイル的に俺のなかでプロレスの基本形だよ、藤波さんは。基本に戻ると落ち着くじゃん。

——実家に帰ると落ち着く感覚ですかね？

武藤　うん、うん。

海外遠征から凱旋した期待の新星・武藤は、帰国第1戦で藤波と闘い敗れるも流血に追い込んだ（1986年10・13後楽園ホール）

藤波辰爾 後編

イメージと真逆で長州力より全然頑固で強情でも先輩として前にいてくれる存在だから「心の安堵」

『週刊プロレス』2021年11月24日号掲載

藤波にとって永遠のライバルとして、常に比較対照されてきたのが長州力。最近の武藤は長州と仕事で一緒になる機会も多いだけに、藤波との比較論は必読。現役選手の先輩がほとんどいなくなった武藤にとって藤波は貴重な存在でもある。

三銃士は不真面目だから猪木さんからのしきたりを壊しちゃった

――藤波選手のうまさはレスラー間の評価も高いですよね。

武藤 だけど藤波さんって俺が若いころはベンチプレスとかスゲー上げててさ。力も強かったんだよ。

――人としてはどうでしたか?

武藤 たとえばの話、長州さんと藤波さんと比べるといっけん長州力のほうが頑固で強情に見えるじゃん。実際は藤波さんのほうが全然頑固だからな。強情っぱりっていうか、長州さんのほうが柔軟。見た目とはまったく逆だよ。

――確かにファンのイメージは真逆でしょうね。

武藤　そうだよな。むかしの古いしきたりとか大事にする。藤波さんはその象徴なんだよ。猪木さんがいて、藤波さんと長州さんがいる。あそこって猪木さんからの縦関係。親父というか、本当縦のライン。だから長州さんと猪木さんのＹｏｕＴｕｂｅって全然おもしろくないんだってな（笑）。いつもの長州力じゃないらしいよ。

——武藤選手と絡むときのような長州さんではない？

武藤　見てないから知らないけど。

——見てないんですか！

武藤　藤波さんと猪木さんも同じだよ、絶対。そのスタイルを俺たちに強要したかったのかもしれないけど俺たちは…。

——自由でしたね、闘魂三銃士は。

武藤　しきたりを俺たちが継いでればよかったけど、不真面目だったから壊しちゃったんだよ（笑）。

——しきたりの話で思い出しましたが、藤波選手は猪木さんの付き人時代、風呂で背中を流した話とかよくします。武藤選手は後輩に背中流させたことあります？

武藤　ない。俺はやったけど（付き人には）やらせなかった。あれはやり方があるんだよな、選手によって。そんなことより藤波さんいまどっかのチャンピオンじゃん。

——ＨＥＡＴ‐ＵＰの２冠王です。

武藤　あれ、どうすんだ？　藤波さんに勝てるヤツいんの？

——どうでしょう？　とにかく藤波選手はあらゆる意味で昭和のオーソドックスな…。

武藤　そうだよ、その象徴だよ。

——そのイメージは長州さんのほうが強いです。武藤選手としてはどちらが合いますか？

武藤　正直藤波さんとプライベートでなにかしたって記憶はあんまりないんだよ。付き人にもついてないし。たぶん藤波さんって後輩と飲まなかったんじゃないかな。酒を飲むのは知ってるんだけど。

——後輩を引き連れて飲みに行くタイプではなかった？

武藤　だから俺は接点がなかったと思う。俺は坂口さんとよく一緒にいたから、最初からそう思われてたからかもしれないけどね。

藤波さんは猪木さんの幻想にとらわれすぎてるかも

——リング上の思い出はなにかないですか？

武藤　無我ってなんでできたんだっけ？

——藤波選手がプロレスの原点回帰のために別ブランドを新日本のなかで立ち上げたというか。

武藤　なんで藤波さんがそういうチョイスしたんだろうな。藤波さんって本来は新日本の保守でなきゃダメなんじゃないの？　社長だっただろ、藤波さん。

——そんな時代もありましたね。

武藤　俺が新日本やめるときの社長は藤波さんだからさ（苦笑）。社長やるくらいだから保守だよな。でもプロレスの団体って猿山と一緒でさ。長州さんは維新軍やって、仲間とつるんだりってあったんだよ、きっと。で、俺はなんだかんだ坂口さんの一派って見られてた。そういう部分でいったら藤波さんって、きっと無我だったんだよ。

——それ、無我というか孤独だったって意味じゃないですか？

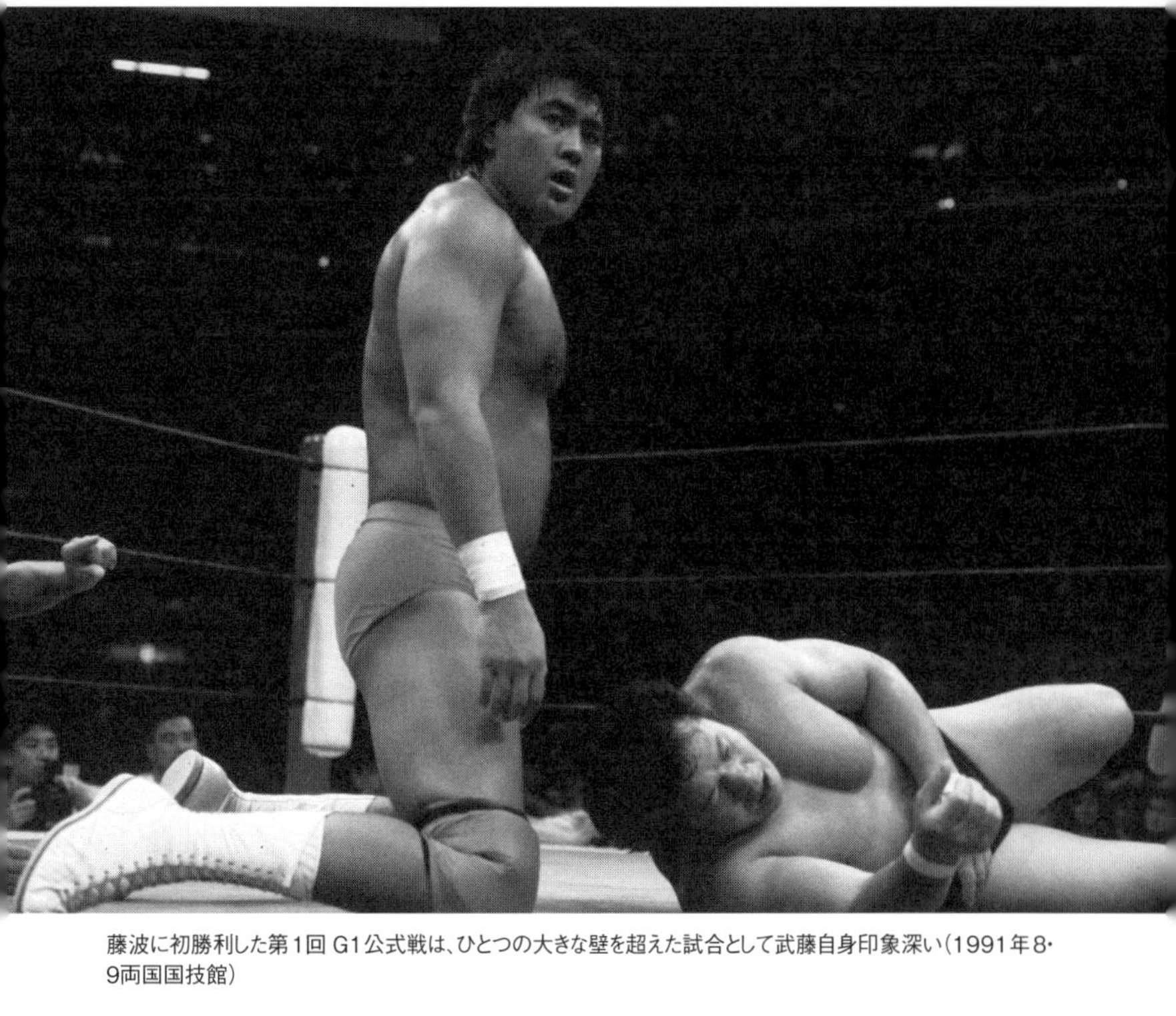

藤波に初勝利した第1回 G1公式戦は、ひとつの大きな壁を超えた試合として武藤自身印象深い（1991年8・9両国国技館）

武藤　（苦笑）。でも現状言うと長州さんは引退して、俺の前にいるのは藤波さんしかいねえんだよ。

――近い先輩がどんどんリングを去るのは寂しいですよね。

武藤　藤波さんが頑張ってるから背中を追える部分もある。いなくなっちゃったら先頭走らなきゃいけない。それはキツいぞ。暗闇も先頭がいちばん怖いんであって。藤波さんが俺の前にいてくれるのは心の安堵。ましてやあの年でベルト取ったって聞くと、「よし、俺も！」って気にさせてくれるよ。

――いい先輩じゃないですか、なんだかんだいっても。

武藤　俺もいい年こいてプロレスやるのって、いろんなものをエネルギーに変えないとできない。そのなかで藤波さんがまだ頑張ってるって聞くと、それもひとつの肥やしになるよ。きっと藤波さんは猪木さんの背中をずっと見てきたんだな。だけど猪木さんは偉大すぎるから、藤波さんはその幻想にとらわれすぎてるかもしれない。いまだに抜けられないっていうか。

――ちなみに武藤選手は50周年までできますかね？

武藤　50年は正直できるかどうか自信ないけど。そういや最初に藤波さんに勝ったのはＧ１なんだよ。まだ覚えてる。なぜかっていうと、あのとき熱が出ててしんどかったから。１回目のＧ１かな。

――先輩から初勝利の意味はいまよりも大きいですよね。

武藤　あそこで藤波さんに勝つことができて、蝶野と橋本は長州さんに勝った。そこで三銃士がクローズアップされたんだな、きっと。

プロレス大賞 前編

13年ぶり5度目のMVP受賞へ向けて本人の手応えは…「こればかりは自分でどうするとかできない」と天命を待つ

『週刊プロレス』2021年12月8日号掲載

年末が近づいてくると「プロレス大賞」の行方が気になり出すのはプロレスファン、業界人の常。今年（2021年）のMVP候補に挙がる武藤自身の見解は…。

プロレスは他人に評価されるためにやってる

——今年（2021年）も残り1カ月と少し。業界的にはプロレス大賞の行方が気になるところです。

武藤　ここへきてプロレス大賞の話って意識しちゃうよ（苦笑）。

——武藤選手は過去にMVPを4回受賞してますね。

武藤　だってプロレスっていうのはさ、ひとに評価されるためにやってるわけで。（評価が）どこまで正確かわからないけどな。一人ひとりにみんな思い入れもあるし。選考してるひとはピュアに判断してくれてるとは思う。若干政治もあるのかもわかんないけど（苦笑）。基本的には誰がいちばん評価できるレスラーかっていう査定だよな、年間を通しての。

——いまは団体も細分化しているので選考も難しいです。

武藤　むかしは新日本と全日本しかなかったからな。

――武藤選手がＭＶＰを受賞している年は95年、99年、01年、08年になります。

武藤　その年っていうのはそれぞれ記憶あるけど、我ながら頑張っていた年でもあるよ。95年は例の高田延彦戦（10・9東京ドーム）があって、その前にはＧ１を制覇した。「チャンピオンは優勝できない（ジンクスを破る）」と勝手にほざいて気持ちを入れて。で、99年は新日本が小川（直也）騒動の真っ最中。そんななか俺は（ＩＷＧＰヘビー級王者として）チャンピオンシップで孤独な闘いをしてた。

――プロレスを守るために奮闘してましたよね。

武藤　だから記憶に残ってるよ。で、08年は全日本に属しながらも新日本で（ＩＷＧＰヘビーの）ベルト取ったときじゃないか。

――そうです。

武藤　あとなん年だっけ？

――01年です。新日本に所属しながら全日本でも大活躍して三冠と世界タッグ、ＩＷＧＰタッグの６冠王になったりしてました。

武藤　あったたな。だから俺がＭＶＰ取った年ってきっと本命だったと思うよ。誰かと競ったり、「えっ!?」って思われたりもしてないと思う。

――95年のベストバウトが武藤vs高田じゃなかったのは、いま思うと不思議です。

武藤　試合はそのひとが見たらよくなかったり、こっちのひとは「すごい」と思ったりするからな。事実、あの試合（髙田戦）は猪木さんに叱られてるんだから。

――そうだったんですね。で、ＭＶＰを受賞した過去４年と比べて今年の手応えはどうですか？

1995年は素顔でIWGPヘビー級王座初戴冠、史上初のIWGP王者としてG1制覇、Uインター・高田を撃破と、八面六臂の大活躍でプロレス大賞 MVPを初受賞（写真 は8・15両国国技館、第5回 G1優勝戦で橋本に勝利）

武藤　どうなのかなぁ…。これぱっかりは自分ではわからない。むかしと違うのは団体が細分化されてるなかでさ、俺はＮＯＡＨという笠の中でやってるから外のことはそんなにわからない。わかりきらないというか。

記録は残るから重要

――この１年のプロレス界で自分以外に誰が活躍していたのかわからない？

武藤　うん。だから比較のしかたが難しいというか。

――新日本の鷹木信悟選手もＭＶＰ候補として挙がると思います。

武藤　あっ、そう。どんなひとが決めるのかわからないけどベストバウトとかもさ、地方のどこかでおこなわれた「これはすごい試合だった」っていうのはエントリーされないんだよな、きっと。

――それはあるかもしれません。

武藤　そういう意味では箱（会場）も重要だったりするよ。

――そもそも知られてないと候補にも挙がらないです。今年の武藤選手は58歳という年齢をどうとるかで評価が分かれる気がします。

武藤　あっ、そう？

――58歳なのにここまで活躍してすごいなのか、58歳がプロレス界の中心でいいのか!?と。

武藤　これぱっかりはわからないよ。今年の俺を業界の悪魔のような存在と思ってるヤツもいるかもしれないし（苦笑）。

――自分の手応えとしてはどうですか、この１年は。

武藤　ウーン…。まあ、GHCのシングル取ったし、先日はタッグも取った。それをひっくるめて制覇したっていう気持ちはある。だから言ったんだよ、「記憶は失われるから記録を残したい」って。

——実際記録を残しました。

武藤　俺だって自分の過去の記憶は忘れてきてるんだから（笑）。

——武藤選手のMVP4回受賞は棚橋選手、オカダ（・カズチカ）選手と並んで2位タイです（※こののち、22年度にオカダがMVP5回目受賞で単独2位に）。最多は猪木さんの6回になります。

武藤　記録っていうのは重要なんだよ。記録に関してはいまのプロレスファンだって過去のものも見るわけだから。

——時間が経てばなおさら貴重になります。何十年後かにプロレス大賞の記録を調べたひとは、猪木さんの次にすごいのは武藤選手たちだと思うかもしれません。

武藤　俺のこと現実に見てなくたって記録だけは残るんだから。ただ、これればかりは自分でどうするとかできない。選挙とも違うし。

——自分の力で取るベルトとはまた違います。

武藤　自分が1年やったあとについてくるものだから。終わったことじゃん、評価されるのは。俺がくれくれって言って頼んで、どうなるものでもないし。

プロレス大賞 後編

プロレスは個人競技でも「一人でやってきたわけじゃない」「NOAHのためにも取りたい」と方舟愛からMVPを狙う

『週刊プロレス』2021年12月22日号掲載

師走に突入し、プロレス界も1年を振り返る時期となってきた。プロレス大賞MVP候補でもある武藤だが、受賞したい理由は自分のためではない。今年（2021年）1年、所属として闘ってきたNOAHのためにも…という熱い思いがあった。

プロレス大賞に疑問を抱いた時期もあった

――プロレス大賞の歴史は長いですが、いまの時代の選手たちはどうとらえていますかね？

武藤　選手たちはあったほうがやる気になるんじゃないの。やりがいあると思う。だってレコード大賞もまだやってるんだから（笑）。

――注目度はかつてほど高くないですが確かになくなりません。

武藤　「レコード大賞」だって、俺が子供のころはもっと権威があったような気がする。競争も激しかったような。

――むかしは年末の賞レースといえば世間も注目しました。

武藤　いまでも続いてるってことは必要とされてるんだろ、きっと。

――ただ「レコード大賞」ってその年にいちばん売れたレコードが大賞ってわけではないですよね。なんらかの選考があって。

武藤　そうだよな。選ぶにしてもなんか権威があったよ。ポッと出のインディー歌手が売れても一過性だったらダメなんだろうな。

――プロレス大賞も近いですかね。

武藤　一時期ＭＶＰはちょっと違うなって時もあったけどな。ボブ・サップが取ったときとか。格闘技とミックスされたんだろうな。

――混沌の時代でしたね。

武藤　それは仕方ないよ。俺は試合を組まれればベストを尽くしてやるだけだけど、58歳がここまで頑張っていいものなのかって意見もあるだろうし。そんな言葉に臆したくないけど、それで推されなかったとしてもしょうがない。

――客観的に見てる部分もあると。

武藤　ぶっちゃけ俺も20年前とは体が違う。いろんなところ痛いし。芸術だと思ってるけど自分自身満足してないところもある。だって妥協もあるわけだ、試合やっていくなかで。もっとこういうふうにできたとか。これは第三者に判断していただければいいことであって。仮にもらえなくてもしょうがないって思ったりもしてる。

――ちなみにＭＶＰ以外の賞には興味ありますか？

武藤　俺、新人賞もらってんじゃない？

——1986年に取ってますね。

受賞パーティーで初めて馬場さん、鶴田さんと会った

武藤　むかしは東スポ大賞ってパーティーやってたじゃん。ほぼ新日本と全日本だけだった時代も。俺、そのパーティーで初めて馬場さん見かけたからね。話はしてないけど、「あっ、馬場さんだ」って。そのとき初めてジャンボ鶴田さんとも会って、同郷だから「ああ、武藤くん」って話した記憶あるよ。あのころ鎖国だったからパーティーで初めて交流できた。ふだん会わない選手と会うことでいい意味で刺激的だったよ。

——古きよき時代の話って感じがしますね、いまとなると。

武藤　鎖国同士でもそんな場では会わざるを得なかった。三沢とは一緒になったことあるかな？　記憶にないけど小橋とはよく一緒になった気がする。やっぱり緊張感あって、ああいう場はよかったよ。

——パーティーで選手が一堂に介して、中心にMVPがいると1年の顔がわかりやすいです。むかしのレコード大賞も1年の音楽界の顔でしたね。

武藤　でもレコード大賞もらった金は歌手じゃなくてレコード会社にいったんじゃないの？　選手にいかないだろ…いや、歌手か（笑）。

——お金も大事ですが、MVP自体に価値もあるかと。

武藤　数字でいったら俺は今年、シングルもタッグもグランドスラムだから。数字は残してるだろ。

——評価されて然るべきですね。

武藤　でもうんざりしてるヤツもいるんだよ、「また武藤か」って。

東日本大震災復興支援 チャリティー大会で小橋と組み、ムーサルト・プレスの競演を見せた。この試合は2011年度のプロレス大賞ベストバウトに輝いた（2011年8・27日本武道館）

——世代によって武藤選手の評価は異なるでしょうね。

武藤 違うと思う。俺に年齢が近ければ近いほど応援してくれるよ。

——とにかく今年の武藤選手がどう評価されるかは興味深いです。

武藤 まあ、俺は待つしかないな。

——ちなみに武藤選手の受賞歴を調べたら、意外にもベストバウトは2回しか受賞してないです。

武藤 ベストバウトはね、俺の時代はよく（全日本の）四天王がもらってたよ。俺らのほうが粗いプロレスやってたからさ。厄介な相手とばかりやってたけどな。

——武藤選手が受賞したのは99年の天龍戦と、11年の「ＡＬＬ　ＴＯＧＥＴＨＥＲ」で小橋選手と組んだvs矢野通&飯塚高史戦です。

武藤 ベストバウトもまた難しいな。ひとによって判断も違うし。

——ＭＶＰとダブル受賞する選手もわりといるんですよね。

武藤 そうか。だけど相対的なこと言うとやっぱりＭＶＰは取ったほうがいいな。なぜかってプロレスは一人でやれるもんじゃないから。今年はＮＯＡＨのみんなが闘ってくれたなかで、俺が取れなかったらほかの選手が取れるチャンスもないかもしれない、ＮＯＡＨの中から。

——武藤選手が受賞すればＮＯＡＨ全体の評価にもなります。

武藤 そういうことだ。団体戦で取るものだからさ、やっぱりＮＯＡＨのためにも取りたいよ。こんなの俺一人でやってきたわけじゃないから。俺と闘ってきた相手も、パートナーもいたわけだから。

——そうですよね。では選考結果が出るのを楽しみにしてます。

（※２０２１年のプロレス大賞ＭＶＰは新日本の鷹木信悟。武藤はベストバウト賞を受賞＝２・12ＮＯＡＨ日本武道館の潮崎豪戦）

団体対抗戦 前編

対新日本は「助演男優賞」狙いを公言して清宮サポートを誓いつつ「かといって俺も大舞台だと目立とう精神が強く出ちゃう」と不敵な予告

『週刊プロレス』2022年1月5&12日号掲載

話題沸騰の(2022年)1・8横浜アリーナ、新日本vsNOAH。古巣との対抗戦に2021年所属となったNOAHから出陣する武藤はパートナーである「NOAHの未来」清宮海斗に期待しつつも…。

新日本vsUインター実現のウラ事情

――NOAHと新日本の対抗戦が電撃的に決まりました。

武藤　フタ開けてみないとわかんないけど、昭和・平成の時代の対抗戦とは違うと思うよ。基本的に過去の対抗戦って2つの団体があって、だいたいどっちかの団体が弱ってるときにやってるわけで。

――片方が弱ってるときだからこそ他団体の力が必要なのでしょう。

武藤　たぶんかなりの対抗戦で、そのあとジワジワと一方が消滅していったりしてるよな。ある意味、抗ガン剤みたいなもので。

――弱ってる団体は一時的に延命できるけど結果的には…。

武藤　だからこそ選手も見る側も殺気立つ。感情が入り込んでるからさ。かといって会社って大きくても安泰してるかっていったらまた別の話。生き物と一緒でどんな会社も常に回さなきゃいけない。

――会社が大きければ大きいほど、回すのは大変になります。

武藤　経営者から鞭打たれて、売り上げここまでにしろとか言われる、そういう商売なわけで。大きい会社だってじつは厳しい。

――売り上げが大きければ次はさらなる売り上げを求められます。

武藤　俺の知ってるいちばんの対抗戦は新日本vsUインター（UWFインターナショナル）だ（1995年10・9東京ドーム）。あれもUインターはその後なくなった。だけどあのときの新日本も大きい会社で安パイな経営状態だったかって、全然違った状態でさ。一説によると、（Uインターとの対抗戦開始半年前の）北朝鮮大会でかかった経費を回収するための金が必要だったとか、そういうウワサも聞いた。だからお互い崖っぷちだったんだな。だからこそ生まれるカードだったり。

――そういう意味では今度の新日本対NOAHは違います。

武藤　NOAHもサイバー（ファイト）が親会社にいるわけで、簡単に潰れるようなことはない。だけどこのご時世に対抗戦やるってことはコロナの影響。令和になって出てきたコロナという敵、環境が大きいと思うよ。あとは新日本の50周年か。

――共通の敵と闘うための対抗戦。

武藤　ある意味チームじゃないけど団結してやったほうがいいと俺は思う。ただ、それは選手には関係ないことかもしれない。選手は殺気走ってくれればいい。いま言ってることはあくまで俺の意見であって、そう思ってない社員、選手もいるかもしれない。「潰してやる」って思ってるひともいるかも。

日本プロレス史に残る団体対抗戦といえば新日本 vsUインター全面対抗戦。武藤は足4の字固めで高田に鮮烈勝利（1995年10・9東京ドーム）

――むしろいてくれたほうがおもしろいですよね。

自分の売りを作るのがプロレスで一番難しい

――2021年は武藤選手が新日本を退団してちょうど20年です。そこで新日本とまた絡む。

武藤　（NOAHの）足を引っ張らないように頑張るよ。

――パートナーの清宮選手も注目ですよね。

武藤　まあ、ふつうに考えたら清宮が目立つよな。

――相手はオカダ（・カズチカ）&棚橋組です。4人の中で実績は劣りますが、いちばん未来を感じさせます。

武藤　かといって俺もNOAH代表で出るけど、ベビーシッターじゃないから。俺、大舞台だと目立とう精神が強く出ちゃうから（苦笑）。でもいま俺があんまり目立っても…って部分もある。だから今回はNOAHという看板を背負って闘いながら主演男優賞は狙わないかもしれない。助演男優賞だよ。

――清宮選手のサポートに徹す？

武藤　うん、うん。わからないけどな、試合は生ものだからさ。意識はそういう意識でも、いざフタ開けてみると…。

――目立ちたくなっちゃうかもしれない？

武藤　うん（苦笑）。だけどいまはそういう気持ちもあるよ。

――まあ、武藤vsオカダも新鮮ですから注目されるでしょう。

武藤　新日本のファンはひと回りして、俺のことなんて知らないファンもいるわけで。「なんであんなジジイが出てくるんだ!?」って思われるかも（笑）。ただ、（新日本対NOAHが）発表と同時にチケットはかなり売れたらしいし、やっぱりプロレスになにか期待してるわけだ。そこはライブでうまくなにを期待されてるか察知しながらやるしかない。

――そこは武藤選手のキャリアが生きるでしょう。

武藤　俺は今年ベストバウトいただいちゃったりしてるなかで、そこまでの欲ないよ、もう（笑）。ガツガツしてない、いろんな面で。30数年間プロレスやってきて、レスラーとしての信用はある程度勝ち取ってる気はするからね。清宮はいまからだから。

――ここでインパクトを残せば清宮選手の信用はかなり上がります。

武藤　NOAHの未来を横につけて…って、俺はNOAHの未来ではないよな。

――まあ、そうでしょうね。

武藤　かといって保護者じゃないしな。やっぱり清宮に頑張ってもらわないと。

――清宮選手ですね、カギは。

武藤　清宮は最初に俺と闘ったころよりすごいよくなってる。もともと運動能力は高いけど、すごい俺も見られてる意識もあって。細かいところマネしてるし、いい形で盗んでるよ。あとは強さというか芯。「清宮のプロレスはこれ」っていう。それ作るのがいちばんプロレスで難しいけどな。

団体対抗戦 後編

対抗戦はそれぞれの団体の文化のぶつかり合い
ファンも巻き込むから「勝たなきゃダメ」

『週刊プロレス』2022年1月26日号掲載

2021年1・8横浜アリーナでNOAHの一員として対新日本に臨んだ武藤だが、長いプロレスキャリアの中では対抗戦経験も豊富。プロレス史に残る新日本対Uインターで武藤はレスラー寿命を延ばし、選手としての「財産」も手に入れたと語る。その経験から悟った対抗戦論とは!?

ドラゴンスクリュー→足4の字のインパクトはデカかった

――対抗戦はプロレスにおける「芯」を作りやすいような気がします。

武藤 作りやすいかもしれない。俺が放ったドラゴンスクリュー、足4の字（固め）も対抗戦で再び脚光を浴びたんだから。

――伝説の（1995年）10・9東京ドーム、高田延彦戦のフィニッシュとなったからこそ定着しました。

武藤 あの対抗戦があったから、今日まで生き延びてこられた。そろそろムーンサルト（・プレス）

はしんどいなか、あの対抗戦でドラゴンスクリュー、足4の字（のムーブメント）が生まれたことで寿命が延びた。あの試合で生まれた財産、インパクトはデカかったし、イメージの浸透もあったよ。

——対抗戦はハイリスクですが、その分ハイリターンですね。

武藤　去年（2021年）ベストバウト（vs潮崎、GHCヘビー級選手権）をもらったけど、あのときが潮崎とほぼ初対戦だよ。ちょっとだけ前哨戦で当たったけど。そういうなかで難しさ、新鮮さがあった。新日本の選手、たとえばオカダだって同じ笠の下でなんとなく読める相手と安定した試合でベストバウトも意外とつまんなかったりするだろ。

——いつもの相手ではないからこそ対抗戦はおもしろいと。

武藤　去年の前にベストバウト取った試合は、「ALL TOGETHER」（2011年8・27日本武道館、東日本大震災復興支援チャリティー興行）で小橋と組むのがほとんど初めてだったときだし。

——そういう意味では武藤選手は対抗戦的な試合は得意ですね。

武藤　俺の場合は新日本にいたときから、いろんなリングに上がってたから。

——海外リングの経験も豊富です。

武藤　本当はアメリカだって対抗戦好きなんだよ。俺が抜けてからだけどWWE vs WCWって対抗戦はおもしろかったらしい。あれもどっちかがなくなるスタイルで。

——結果、WCWはなくなりました。00年に始まった新日本vs全日本も武藤選手が全日本に移籍しなければ、全日本はなくなっていたかもしれません。

武藤　そうか（苦笑）。

——そういえば武藤全日本のとき、橋本選手のZERO－ONEと対抗戦してましたよね。

武藤　だけどZERO－ONEとやってる最中に橋本が死んじゃったんだよ。アイツ、体調悪かったしな。肩外したうえに松葉づえもついていてて。本当あの対抗戦には迷惑被ったよ（苦笑）。あとZERO－ONEvsWJで生まれたタココラ問答だっけ？　あれも対抗戦だろ。インパクト強いよ（笑）。

――あれは試合ではなく橋本さんと長州さんの言い合いですが、名場面というか珍場面でした。

武藤　ふつう会見でそこまでインパクト残すのは難しいだろ。橋本と長州力って本当に性格の合わない2人だったから、言ってることはほぼ本音だろうな。

――といっても「タコ」と「コラ」しか言ってないですが。

新日本育ちと全日本育ちのいちばんの違い

武藤　まあ、むかしの新日本は対抗戦向きの選手が多かったよ。全日本系でいうとZERO－ONE旗揚げ戦の両国でNOAHの三沢社長が橋本&永田（裕志）とやって。試合後、橋本がマイクで挑発したら、三沢社長は「オマエら（の挑発）にはのらねえよ」って（苦笑）。

――新日本の選手なら、「やってやる」と挑発にのるところです。

武藤　あれが全日本育ちと新日本育ちのいちばんの違い。受けと攻めというか、それを象徴しているシーンだったよ。

――挑発にのらなかったら、そもそも対抗戦にならないですが…。

武藤　だけど馬場さんもそういうこと言いそうじゃん。俺もあんまり馬場さん知らないけどさ。

――ただ、あれでNOAHは上がりましたよね。

武藤　上がった上がった。あのときの三沢社長は強さも感じさせてくれたから。シャープにレスリン

Uインター・高田を料理したドラゴンスクリュー→足4の字固めは、武藤の必殺フルコースとして定着した（1995年10・9東京ドーム）

グ技術を出してたし。そこが光ったんだよ。

――対抗戦ってふだんとは違う選手の魅力も出ますよね。

武藤　でも今回の対抗戦（新日本vsＮＯＡＨ）は全員がウィンウィンでいったほうがいい、お客も含めて。難しいかもしれないけどコロナの時代に「潰してやる」なんて言ったら、いま本当にたくさんの会社が潰れてるんだから。「潰す」なんて聞いたら他人事じゃないって落ち込むひといっぱいいるよ。

――かつての対抗戦と令和の対抗戦はちょっと違うと。

武藤　そうだよ。対抗戦ってそれぞれの団体の技術の交流とかもできるだろうし。4年に1回くらいやればいいんだよ、万博みたいに。それぞれの文化の提供だから。

――新日本対Uインターにはそれがあったような気もします。

武藤　でも対抗戦の鉄則ってさ、最初に勝たなきゃダメだよ。

――ですよね。新日本対Uインターで武藤選手は2度目の高田戦（1996年1・4東京ドーム）に負けてますけど、歴史に残っているのは最初に勝った試合です。

武藤　対抗戦だけだよ、それは。ふつうのプロレスは負けて負けて勝つっていう美学もあるからさ。

――対抗戦は負けて負けて、終わってしまう可能性がありますしね。

武藤　対抗戦は団体に思いをよせてるファンも巻き込むから。最初に負けると離れていくファンもいるわけだ。たぶんUも離れたファンたくさんいたと思うよ。

試練 前編

『週刊プロレス』２０２２年２月９日号掲載

試合後の清宮の涙を高評価。「俺らは感情を見せたモンが勝ちだよ」あの日、特設花道で横並びになった棚橋に聞いた「清宮、どうだ!?」

２０２２年１・８横浜アリーナの新日本vsＮＯＡＨ。そこで武藤は清宮海斗と組んでオカダ・カズチカ＆棚橋弘至組と対戦。ＮＯＡＨで闘い始めてからの武藤はシングルで３戦するなど清宮との関係が深い。あらためて対抗戦の清宮について聞いた。

対抗戦で清宮のネームバリューが上がった

――新日本との対抗戦、武藤選手と組んだ清宮選手はどうでした？

武藤　いい動きしてたよ。

――戦前の武藤選手は助演男優賞を狙うと言ってましたよね。

武藤　プロレスって見るひとによって誰が主演、誰が助演って分かれるけど、清宮は目立ってたんじゃないの？　あの試合で清宮のネームバリューは上がったよ。なにをどうしようと批判するヤツもいるのがプロレスだけど、そういうヤツにも名前は知られたわけで。

――批判されたとしてもその対象になっただけでもいい？

武藤　そうそう。ゼロがいちばんいけないから。清宮はまだ若いし。あの対抗戦…俺はほかの試合はあんまり見てないけど、俺らの試合も含めて結果的にNOAHは負け越して清宮も負けた。でもNOAHは団体として次があるよな。

――新日本が業界1位と見られている以上、追いかけられます。

武藤　逆に新日本はキツいと思うよ。1位ってじゃあ次はなに⁉ってなるわけで。プロレスは相手を探すのもテーマのひとつだから。

――1位はキープするしかない？

武藤　NOAHは追いつけ追い越せでやっていけばいいわけで。清宮もそうだよ。

――ではNOAHという団体の現在を象徴していたのが、あの試合の清宮選手ですかね。

武藤　いろんな感情もあっただろう。敷かれたようなレールかもしれないけど、そこに甘んじてたらそこで終わっちゃう。これからも絶えず努力していかないと。ただ、俺たちと時代が違うって思うのは横がいないよな、清宮は。

――同世代の切磋琢磨する仲間がいないと。

武藤　そこだよな。下からの突き上げはいまから自動的にくると思うけど。下からの突き上げは本当に成長させるからね、選手を。

――試合後、清宮選手が泣いたことについてはどうですか？

武藤　いいじゃん、俺らは感情を見せたモンが勝ちだよ。

――ただ負けるよりも印象に残りました。

武藤　映画だって見てれば泣くシーンがあるんだから。それと一緒。ロボットが試合してるわけじゃないんだから。ロボットと試合したっておもしろくもねえからさ。

――涙も人間らしくていいと。

武藤　そうだよ。これは言っていいかわかんないんだけどさ。試合後、棚橋と場外で横並びになったじゃん。

――特設花道で並んで座ってる状態になりました。

武藤　その絵を抜かれちまったんだけどさ…。これは言っていいのかなぁ。あのとき棚橋に「清宮、どうだ⁉」って聞いたんだよ。「棚橋、いいだろ清宮って」って。そしたら「ああ、いいですね」って感じの答えだったよ。

ナウリーダーの俺は客の激しい怒りを買った

――武藤選手も棚橋選手もオカダ選手も、みんないまの清宮選手のような時代を通って成長しました。

武藤　そうだよ。でも現代だからまだお客様がやさしいよ。俺のときなんか夏の両国でさ…。

――「サマーナイトフィーバー」ですね（新日本、87年8月19日&20日、両国国技館）。猪木さんらナウリーダー（旧世代軍）と長州さん、藤波さんらのニューリーダー（新世代軍）の世代闘争がメインカードでした。

武藤　長州&藤波vs猪木&X。そのXに俺が入ったんだから。あのときの「帰れ」コールはすごかったよ。怒涛のごとく（苦笑）。

――猪木さんが長州さんたちより下世代の武藤選手をパートナーにしたことで、世代闘争がボヤけて観客の怒りを買いました。

武藤　俺がなにやったって怒りしかないんだよ、お客は（苦笑）。そんななかで試合してる。俺の経験のほうがすごいよ。今回そのシチュエーションに少し近いじゃん。

――あのときの猪木さんがいまの武藤選手。あのときの武藤選手がいまの清宮選手。相手の長州&藤波がオカダ&棚橋ですね。

武藤　当時は俺にやさしくない、客は俺にいちばんキツかったよ。

――でもそういう経験があったほうが成長できるんじゃないですか。

武藤　だけどもう終わったことで。清宮はそれを踏み台にして、いまからどうしていくか。若いからもう努力はしてると思うけど。棚橋も俺も…オカダは知らないけど、清宮ってソツなくなんでもできるんだよ。あとプラスアルファ、それを探すのがすごく難しい。それがお客様にひいきされるようになるのは。技もソツなく全部いい形で決めるんだけど、ほかの選手も同じことをやるからな。

――そこでどうやって…。

武藤　オリジナリティーをどう作るかは大変だよ。

――ソツがないと記憶にも残りにくいですよね。

武藤　俺だってドラゴンスクリューは藤波さんから始まって棚橋とかもやるけど、俺がいちばんキレるって自信もってやってるから。エルボードロップだってただのエルボードロップだけど、オリジナリティーもってやってますよ。

――少し変化をつけるだけで見え方はだいぶ違います。

武藤　だからそういう部分を清宮は、いまから少しずつオリジナリティーつけていかなきゃ。

若手時代の武藤はなぜか猪木率いる旧世代軍に放り込まれた（写真は1987年8・19両国国技館。5対5イリミネーションマッチで藤波、長州、前田らの新世代軍に攻められる旧世代軍の武藤）

試練 後編

オカダから清宮への辛らつ発言もすでに「通り過ぎたことだから」NOAH所属として武藤の使命感は「闘いながら清宮の成長を見守る」

『週刊プロレス』2022年2月23日号掲載

2022年1月8日、新日本との対抗戦は敗れたとはいえ、清宮にとって大きな財産になるだろう。NOAH参戦以来、清宮を見てきた武藤は今後も闘うことで成長を見守る。今回は武藤自身が感じた新日本との対抗戦についての感想も語ってもらった。

新日本との対抗戦では思い出を武器にできなかった

――武藤選手がNOAHに上がり始めて約2年。清宮選手は変わりました?

武藤　うまくなってきてるよ。この前（新日本との対抗戦）だって全然悪くない。立ち上がりのレスリングなんてオカダと棚橋にヒケをとってなかったし。俺が清宮と最初に接したときより成長してるよ。

――次のステップアップは武藤超えを果たしたときですかね?

武藤　俺に勝ったからってどう説得力を作るか。そのひと試合で作れる可能性もあれば作れない可能性もある。それもまた問題だよ。

――いまのところシングルは武藤選手の2勝1分けです。

武藤　ぶっちゃけ勝ってどうのってことは俺だってないわけだ。闘いながら彼の成長を見守るというか。そういう使命と思って闘ってる。それが俺がNOAH所属になったひとつの理由でもあるし。闘いを通じて吸収しろってことだな。俺に一回勝ったらもう超えたのか、それはお客が判断すること。説得力を作れるかどうかは清宮次第。

――結局は本人次第になると。

武藤　だけどうらやましくてしょうがない、若さが。ここにきて無性に感じるよ。俺は体が動かなくなってきてるから、ごまかしで試合やってる。ごまかすのも疲れるんだぞ（笑）。

――「ごまかし」って…。

武藤　だって俺は25歳の時とは違う。26歳が俺は自分でいちばんすごいと思ってた。（リック・）フレアーやスティングとやり出したころがいちばん勢いあった。ビッグヘッド（自惚れ）だったけど、「俺、世界一のレスラーじゃないか」って（笑）。でも若い時はそういう時あるよ。

――清宮選手はその部分が足りないですかね。むしろ謙虚過ぎる？

武藤　それもそれでいいけどな。あとはケガに気をつけて。

――いずれはプロレス界のトップに立つ存在だと思いますか？

武藤　まだやらなきゃならないことはいっぱいあるよ。線だって細いし。年とってくれば肉がつくかわからないけど、肉ついてきたら動きも落ちるだろうし。

――今後はいかに武藤選手のいう「作品」をつくっていけるか…。

武藤　そうだな。いまから思い出作りだよ。俺だって1・8の試合（清宮と組んで対オカダ&棚橋）

は新日本のお客は俺が新日本にいたころと違ってる。いつもは思い出を武器にして試合してるけど、「思い出が通用しねえな」って思ってた（笑）。俺のこと知らないファンも多いやりづらさはあった。思い出が武器にできなかったらヤバいだろ（笑）。

リック・フレアーのスピーチを参考にした

——逆説的に新日本との対抗戦でいまの武藤選手にとってホームはＮＯＡＨだと実感できたのでは？

武藤　そりゃそうだ、いまはＮＯＡＨ所属なんだから。ただ、あの日はあまり選手と接触してないけど、見るとＳＡＮＡＤＡ、ＢＵＳＨＩ、タイチがいる。ヤツらは俺がプロレス界に入れた。俺が弾いてもプロレスラーになったかもしれないけど、違うプロレス人生だっただろ。「コイツら頑張ってる」って思うと嬉しくなるよ。親心じゃないけど、ああいう姿を見てエネルギーもらったりするよ、俺も。

——武藤チルドレンですからね。そういう意味で清宮選手も形は違えど武藤チルドレンですか？

武藤　ただ、ＳＡＮＡＤＡとかは直系。直接産み落としたようなもんだ。結果、家庭崩壊でバラバラになったけどさ（苦笑）。

——武藤チルドレンかはともかく、清宮選手の成長も楽しみですね。

武藤　あいつのプロレス人生始まったばかり。これから多くのレスラーと出会っていくんじゃないの。俺だって猪木さんから始まって、アメリカでフレアーがいたり、横には橋本、蝶野がいて。はたまた長州さん、天龍さんもいたり。

——最後に余談ですが、初対決のオカダ選手はどうでした？

武藤　プライドを感じたよ。この10年、俺が新日本プロレスを引っ張ってきたんだっていう強いプラ

武藤引退ロード第1弾で清宮は武藤にシングル初勝利。武藤は「まだ俺に1回勝っただけ。ここから彼がどれだけ多くの作品を作っていくかが課題」とNOAHを背負っていく後輩にエールを送った（2022年7・16日本武道館）

イドを。だけどオカダがいちばんしんどかったんじゃないの。

――あの4人の中でも現在進行形のプロレス界のトップですから。

武藤 そうそう。俺はべつにリラックスしながらやれたよ。

――試合後は清宮選手に厳しいコメントを出しました。

武藤 もっと余裕もってかわしてもよさそうだけどな。ちょっとムキになりすぎてんじゃないのって。もう少し大人の対応も可能だったと思うけどな。

――武藤選手があの立場だったらああはしない？

武藤 俺は相手を敬うところから入るから(笑)。相手をけなしたってしょうがない。アメリカでリック・フレアーのスピーチをよく聞かされたんだけど、「オマエは強い、すごい、天才」って言うんだよ。で、「だけど俺の方がもっと強い、すごい、天才」って言い方をする。

――その結果、勝てば自分がより上がります。

武藤 まあ、オカダにはオカダの考えがあるんだろうけど。レスラーには考えがそれぞれあるから。

――清宮選手はオカダ選手の発言を気にすることはないですか？

武藤 通り過ぎたことだからな、清宮にとっては。

ケガ

前編

ドクターストップで欠場決意、「プロとしてお見せできるレベルにない」古傷のヒザを悪化させた理由はわかるからタイムマシンで行きたいけど…

『週刊プロレス』2022年3月9日号掲載

2022年2月8日の会見で左股関節唇損傷のため長期欠場を発表。この決断についてはドクターからの〝欠場勧告〟もあってのことだが、自身のプロ意識からも当然の答えだった。過去に何度も負傷欠場の危機を乗り越えてきた武藤がケガについて語る。

プロレス界に下半身を全部捧げてる

――武藤選手はこれまで多くのケガをしてきましたが、今回の負傷欠場についてはどんな気持ちですか?

武藤　ケガにも何通りものケガがあって。試合でボキって折れたってわかるケガ。そのまま動けなくなって入院したり、試合休んだり。それもイヤだけどジワジワジワジワ、雨のしずくがたれて穴があいていくような壊れ方のケガもある（苦笑）。それも厄介でね。

――そのケガだと欠場するか判断しにくいですよね。

武藤　ジワジワだから多少動けちゃう。ただプロレスラーといっても筋肉は鍛えられても、関節は鍛えられない。軟骨とかすり減っていくものだから消耗品なんだよ。

――今回の欠場は若いころだったらもう少し頑張っていましたか？

武藤　いや、俺も頑張ったんだけど、やっぱり悲鳴があがった。動けなくなっちまったら困るし。

――では欠場する決断に至った決め手は？

武藤　お医者さんに説得された。いまは欠場したほうがいいって。試合に出ると奇形が進行しちゃう。いまはケガも進行期だから試合で進行も早まる。安定期になるまでは試合しないほうがいいと。炎症が少し落ち着くまではって。

――時が過ぎるのを待つしかないですか？

武藤　レスラーって全員なにかのケガを抱えてるもの。今回は自分の一線を越えたから欠場をお医者さんの判断もあって決めたけど、それってゼロにはならないじゃん。

――ケガを抱えた状態をマイナスとすると、ゼロに戻すにはすべてのケガを完治させないとならない。それは武藤選手のキャリアだと難しいですよね。

武藤　だから自分で納得するところまで落ち着いてくれたら復帰になるかもしれないけど、いまは歩くのもちょっとキツい。「プロレス界に片足くれてやる」なんて言ったけど、下半身全部捧げてるよ。

――むかしは無理しても試合に出るのが美徳とされる時代でしたが、現代は無理して出るのはよくないと批判されますよね。

武藤　それは団体の契約システムにもよる。小さい団体は1試合ごとの契約で、欠場したらギャラが出なかったりする。俺は海外ではケガして試合しなかったら金をもらえなかった。ＷＣＷの時は別として。

88年、ヒザが治らなくなっちまった

——だから動く限り無理してでも試合に出なくてはならなかった?

武藤 最初にヒザを壊したときは退院してすぐ試合しちゃってるよ、プエルトリコで。12月くらいに手術したのかな、半月板除去の。たしか、たけし軍団が来た両国。あのときは俺、会場にいたけど試合は出てないんだよ。

——87年12月ですね。

武藤 退院してすぐ2月に試合始めてるんだ、プエルトリコで欠員が出てさ。本当は島国でリラックスしながら試合に出られるようになったらって思ってたけど。退院して間もないころ欠員が出たから「やってみろ」ってやらされたら、すごくプロモーターに気に入られちまって。そこから流れに入ってプッシュされたから、ヒザが治らなくなっちまった(苦笑)。

——あのときもう少し休んでから復帰していれば…と思います?

武藤 ドラえもんのタイムマシンがあったら、あの時代に行って「無理するな」って言いに戻りたいよ。

——古傷のヒザは悪くなった起点がハッキリしているのですね。

武藤 ハッキリわかる。でももしタイムマシンで行ってクリアできても、俺の性分からして別のところでヒザ壊してるよ。ヒザはケガしたけど折れてるわけじゃないから、若いときは(ヒザ以外の)ほかを使って体が機能しちゃうんだ。全身で補っちゃう。それで試合こなしてだんだんモロくなるんだけど。ただ、股関節はちょっとほかでフォローしづらいっていうか。

──4年前にヒザに人工関節を入れて、調子はいいと思ってました。

武藤　ヒザは調子よくなってるよ。可動域は限られるけど痛みはほとんどない。だけど跳ねたり、踏ん張ったり、力を入れたりするわけだ。そのときヒザにかかっていた力がみんなこっち（股関節）にきてる気がしてさ。

──精神的に若い時の負傷欠場より重かったりします？

武藤　悩むよ、それは。治るか治らないかって悩むし、引き際か…まだ引き際じゃないかっていうのも悩むし。だけど「生涯プロレスラー」って公言していたりもして。

──悩むと股関節にも悪そうです。

武藤　（新日本の）1月8日（横浜アリーナ）の試合は大舞台だったじゃん。注目されるし、いいパフォーマンスしたいと思ってたから、前日に痛み止めの注射打ったんだよ。それで試合こなすことができたけど、終わったらよけい痛くなっちゃって。極めつけは（NOAH1・16）仙台のGHCタッグ選手権。試合中から痛くて痛くて。やられっぱなしだったけど。

──それでも最後は逆転のフランケンシュタイナーを決めました。

武藤　あれはギリギリもギリギリ。そこでちょっと心が折れたっていうか。金とって見せられるプロレスラーじゃないなって。プロとしてリングでお見せできるレベルにないって自分で判断したよ。

2022年1·16仙台サンプラザホール大会におけるGHCタッグ王座戦をフランケンシュタイナーで乗り切った武藤だったが、左股関節唇損傷のため長期欠場に入った

ケガ　後編

いくつもの負傷欠場を乗り越えた経験から導いた結論は「結局生きるって大変」「NOAHでやり足りてない。もう少し引き出しある」と現役続行に意欲！

『週刊プロレス』2022年3月23日号掲載

プロレスキャリア40年を前にして、2022年2月から左股関節唇損傷のため長期欠場に入った武藤だが、先輩たちを見てきた実感から「現役にこだわりたい気持ちはある」とキッパリ。生きる大変さも感じながらリング復帰を目指した。

体調の悪さが侘びさびに見える、そこがプロレスのいいところ

――欠場を決めるきっかけになった（1・16）仙台の試合ですが、ファンはそこまで状態が悪いとは思わなかったでしょうね。

武藤　ごまかしてたけどさ、こなしているふうに。あまりに痛いから病院行ったら、「長期に休まないと取り返しのつかないことになる可能性がある」と言われて。さいわいNOAHという会社から時間をもらえたから復帰に向けてリハビリ、トレーニングを頑張るよ。

――いまは若いころとは時間の重さも違いますか？

武藤　若いころと違って突っ走るとか、ガムシャラっていうのがない。真面目にコツコツって姿勢

(笑)。俺の1日のルーティンはだいたい決まってて、そこに股関節にいいことを少しずつ入れる。復帰の目標がないと頑張れないから。

――トレーニングは欠場中も続けますか？

武藤 やる。ただ上半身はいいけど有酸素運動ができない。たまに軽く自転車こぐけどやっぱり痛い。

――そのあたりも自分の体と…。

武藤 相談しながらね。でもずっとそうだったよ、最初にヒザ壊したときから。自分のヒザと相談しながら試合をこなして、ごまかして。ごまかしが通用するときと通用しないときはあったけど。

――「ごまかす」ではなく、「臨機応変に対応していった」と言ったほうが聞こえはいいかと…。

武藤 そうか(笑)。若いときプエルトリコに行ってから100%の体じゃなくて、そこからずっとごまかしてきてる。逆にいうとごまかしが侘びさびに見えたりして。

――100%の体調で動ける選手より、感情移入できる部分はあるかもしれません。

武藤 そこがプロレスのいいところでもある。間(ま)とかさ。ほかのスポーツにはないわけだ、間なんて。間の使い方が重要だったりするよ。

――その間がプロレスラーとしての深みになります。

武藤 体が痛いと絶対間が生まれるから。緩急というか。

――それをプロレス人生で繰り返している感じですか？

武藤 ずっとだよ。ヒザ壊したけど、頸椎もおかしくなって力が出しにくかったりするんだよ。ヒジも痛え、両ヒジ。肩もダメだし、関節っていう関節全部ダメだ(笑)。

――もはやプロレスに全身捧げてますね。

武藤　指の関節も痛えし（笑）。身長も小さくなってるし。なぜかというと椎間板とか減ってるから。ヒザも手術したし、軟骨もすり減ってるから身長低くなってるよ。3センチくらいか。猫背にもなってるけど。

――まさに人生をプロレスに…。

武藤　捧げてきた。でも、こんなのプロレスやってるからじゃなくても、一般の人だってどっかしら痛めてるだろ。

現役にこだわった理由

――何十年も同じ仕事をしていたらどこかにダメージはきます。

武藤　逆にいったら我々はプロレスを続けてるから練習もする。血圧、血糖値はプロレスのおかげで数値がいいかもしれない。トレーニングして筋肉だってついてるから代謝もいいだろうし。

――プラスマイナスでいうとマイナスばかりではないと。

武藤　そうだよ。最近引退した先輩方と会う機会もあるけど、むかしのレスラーはデカいひとが多くてほとんど腰が痛かったり、ヒザが痛かったりしてる。そういう先輩方は引退されてあんまり動いてないから新陳代謝が悪いというか。

――弱るスピードも速い？

武藤　だからプロレスを続けていた方が…。

――適度な運動になる…と言うとだいぶ語弊がありますが。

武藤　（苦笑）。体に刺激がいくのは確かだ。ひとに見られるのもすごくいい。若作りもするし、そのための努力もする。だから現役にこだわりたい気持ちもあるよ。

――はい、まだ続けてください。

武藤　結局、生きるって大変なことなんだよ。

――すごい結論に達しましたね。

武藤　生きるって大変だし逃げられないからさ。逃げられないから好きなことをやる。俺は会社から時間をもらうことができたんで。

――やはり所属になっていてよかったですか？

武藤　フリーだろうが所属だろうがやれるものはやるし、やれないものはやれないけどな。

――でも、最悪の事態で動けなくなるまでいかなくてよかったです。実はギリギリのところで闘っていたとしても。

武藤　そこを察知されたらプロじゃないって思ってるからな。

――そこがプライドですね。

武藤　まだ正直ＮＯＡＨでやり足りてないから。もう少し引き出しあるよ。元気だったらね。元気じゃないと引き出しも出せないから。

――元気になってください！

武藤　忘れ去られてもいいけどな。またフレッシュになれるから。

――いや、いまさら武藤選手のことをファンは忘れないと思います。

武藤　俺の技って際立って目立つからさ。ドラゴンスクリューにしてもシャイニング（・ウィザード）にしても飽きられちまうよ。だから少し消えたほうが（欠場するほうが）いいのかもな。

新日本プロレス 前編

古巣の節目に呼ばれて行くことで「自分の人生、後悔はない」と再確認 OBでありながらも「現役のプライド」を持って記念セレモニーに参加

『週刊プロレス』2022年4月6日号掲載

新日本プロレスの2022年3・1日本武道館は「旗揚げ記念日」と称された記念大会。試合前の50周年記念セレモニーに武藤はほかのOBたちとともに出席した。あらためて古巣への思い、同時代を生きたレジェンドたちへの気持ちを語る。

自分の残りのキャリアを考えて新日本を退団した

――OBとして新日本の50周年セレモニーに参加しましたね。

武藤　まだ坂口さんとかスタッフのひとに知り合いもいるし。まるっきりすべてが変わったわけではないよ。レスラーだって知ってるしさ。知ってるレスラー、社員には全日本に俺と一緒に行って戻ってきたヤツもいるし（苦笑）。

――武藤選手はやめたあともわりと定期的に新日本に参戦しているので、つながりはありました。

武藤　そうだね。ただ、俺がやめるときの新日本は完全に格闘技路線に方向転換しそうな感じだった。戻ったときは純粋にプロレスをできたから、本当にイヤな時期は俺はいなかったよ。

――格闘技路線に走る新日本ではプロレスができないと思い、退団を決意したのですよね？

武藤　自分のキャリアも考えて。残ってたらどんな人生だったかはわからないけど、俺はよかったと思ってるよ。またこうして新日本のリングに呼ばれて行くこともあるんだから。自分の人生、やってきたことに後悔はないですね。

――古巣の50周年になにか思うところはありますか？

武藤　大変だったと思うよ、新日本も。紆余曲折して、オーナーも何度か代わってるし。されど50年で継続は力、やっぱりプロレスファンが支えてくれたんだろうな。

――セレモニー参加者はほとんどが新日本を飛び出ています。

武藤　俺は裏切って出たわけじゃないし。意見の違い、やりたいことの違いで。

――だからやめたあとも話があればOBとして対応できる？

武藤　OBっていえばOBだけど、俺のプライドというか俺は現役だからな。いまは欠場してるけど。OBだけど新日本の現場の人間はライバルのつもりで行ったよ。

――武藤選手は以前、マスターズ興行を開催してレジェンドとも会ってるから、懐かしい感じもあまりなかったですか？

武藤　そうそう。藤波さんなんか俺が欠場してショック受けてたよ(苦笑)。「いつ復帰するんだよ?」って。いきなりそれ（藤波の団体ドラディションからの参戦オファー）からだった。

――藤波選手は（新日本「旗揚げ記念日」の）メインに出ましたが、武藤選手も欠場してなければ試合オファーもあったと思います。

武藤　それはわかんない。ただ、ケガをしたタイミングがちょっと残念だったのはある。

猪木さん時代の選手はみんなズレてた

――そもそもの話ですが、武藤選手はなぜ全日本ではなく新日本に入ったのですか？

武藤　どっちがどうとか比較したくもないけど、やっぱり新日本のほうが子供のころ見ても好きでしたよ。だけど（全日本のミル・）マスカラスもよかったな。わかんねえ、時代時代だよ。猪木さんの異種格闘技戦とかもおもしろかったし。

――新日本も全日本もどちらもおもしろかったと。

武藤　だけど俺の新日本プロレスはアントニオ猪木の新日本プロレスであって。猪木さんの教えは「常識なんてクソ食らえ」。この前（50周年セレモニーで）リングに立ったひとたちを見ても長州力、前田日明、藤波さんも意外とそうだよ。みんなトンパチ、常識人じゃない（笑）。いい意味でズレてる。いまのレスラーたちは非常にまじめでいい子なんだろうけど。蝶野にしたってズレてたし、そこに橋本もいたんだから（笑）。（獣神サンダー・）ライガーだってとんがってた。みんな癖のある連中だよ。猪木さんの教えってそうだから。

――アクが強くないと当時の新日本では残れなかったというか。

武藤　そうそう。いまそんなヤツいたらハブかれちまうよ。長州力がやってたことなんて、パワハラで訴えられるだろうな（苦笑）。まあ、いまとは時代も違うけど。

――でも新日本系のＯＢって全日本系より健在な方が多いですよね。

武藤　新日本だっていっぱい死んでるだろ、橋本も荒川（真）さんも。

――ただ全日本は馬場さん、鶴田さん、三沢さんと三世代のトップが亡くなっています。

古巣・新日本の50周年記念セレモニーに参加した武藤。平成新日本の歴史は武藤の歴史でもある（2022年3・1日本武道館）

武藤　新日本は長州、藤波が元気だから、この2人は大きい。ガタはきてると思うけどまだ元気だよ。長州さん、まだ試合やれって言えばできると思う。やらないけどやれるだろうな。

——だから50周年であれだけ集まれたのですね。

武藤　見事に集まってるから同窓会チックに見えたけど、俺ピンで考えたら前田さんと対談してるし、長州さんとは仕事してるし、プライベートでも交流がある。だから俺のなかでスペシャルな感じはなかったよ。久しく会ってなかったひといねえもんな。まあ、リングにイス並べた時点で限られるけどな。呼べる人数が。

——でも、あれだけ揃えば懐かしい感じは出てましたよ。

武藤　猪木さんの教えでいうと、猪木さんってそういうひとたちを許してきたじゃん。

——出ていった選手も戻します。

武藤　まだいるよな、呼んだからって来るかわかなんいけど。高田延彦とか佐々木健介とかいてもおもしろかったよな。

——いてもおかしくはないですね。

武藤　まあ、新日本もとりあえずどれくらい集まるかわかんなかったんだろうけどな。

新日本プロレス 後編

時代とともに変わるのがプロレス。新日本も順応していまのプロレスになった…が結論ではなく、「新日本50年もすごいけど武藤敬司もスゲー」という最終結論

『週刊プロレス』2022年4月20日号掲載

武藤が古巣を離れてちょうど20年の2022年が新日本の創立50周年。新日本に限らず「時代とともに変わっていくのがプロレス」という武藤の話はいい結論になるはずだったが、話はなぜか「武藤還暦祭」構想へ…。

長州さんは駆け引きするんだ、男と女の関係と同じで

――新日本の（2022年）3・1日本武道館の50周年セレモニーは豪華メンバーでしたが、せっかくだからOB全員リングで一言あいさつくらいしてほしかったです。

武藤　そんなのやってたら時間くってしょうがないだろ。

――バックステージコメントは出してますよね。長州さんは「プロレスとは距離を置きたい」と。

武藤　いやいや、食い込んでくるよ（笑）。駆け引きするんだ、男と女の話と同じで。追いかけてきたら逃げる、逃げると追いかけて来る。そういうところを利用しようとしてるんだよ。

――さすが現在も長州さんとよく仕事してるだけあって分析が鋭い。

武藤　あっ、そう？

――長州さんとの関係も含めて、武藤選手はレジェンドと現在のプロレス界の懸け橋になれますよ。

武藤　俺がいちばん最後まで闘ってるもんな。現在進行形で新日本のリングにも上がったし。

――（1・8）横浜アリーナです。

武藤　だけど50周年の節目のときにコロナという最大の敵もいるしな。ウクライナの戦争だってどう反映してくるかわからない、こっちの業界までさ。プロレス界も時勢に左右されることも多いけど50年、さらに倍の100年なんか考えるとしんどいと思うよ。

――100年もつ会社はなかなか少ないですよね。

武藤　俺はかつて焼き肉屋をやってたけど、飲食で10年もつところは6％しかないんだって。

――飲食はシビアですよね。プロレス界は10年くらいならもっている団体はそれなりにあります。

武藤　本当は死んでても屍になりながらやってるんだよ（笑）。

――言葉が悪いですね。でも新日本の50年ってすごいですよね、あらためて。

武藤　だけど秘伝のタレを伝えていく老舗店とか、江戸時代から続いている名家と違って、イズムっていうのは新日本も全日本も途切れてるよ。俺が育ったのは猪木さんの新日本であって。

――いまの新日本とは違う？

武藤　全日本プロレスも50周年だ。ただ、俺は馬場さんは知らない。だけど匂いは残ってたよな。あとは（馬場さん時代からの）スタッフも何人か残ってたから、そこからのイメージの構築であって。

――全日本は武藤社長が完全に馬場さんのイメージを消しました。

武藤　わかんない（苦笑）。

古巣の新日本を離れて20年以上が経つも、折にふれて新日本マットに上がり続けている（写真は2022年1・8横浜アリーナ。タッグマッチでオカダ&棚橋と対戦）

武藤の名が活字に出なくなる時代もくるんだろうな

――いまの全日本と比較すると新日本は50周年でまだ過去から歴史を引き継いでる感じがないですか？　全日本は武藤社長時代から激しく変わったというか…。

武藤　本当は諏訪魔が頑張ればいいんだよ。あいつもともとジャンボ鶴田さん好きだし、昔の全日本が好きなんだよ。だから全日本をチョイスしたんだから。

――なるほど。

武藤　だけどいまの俺は全日本のほうが遠いよ。

――新日本のほうがまだ近い距離にいると感じますか？

武藤　かといっていまの全日本だって、芦野（祥太郎）だクマ（羆嵐）だってＷＲＥＳＴＬＥ－１だったヤカラが結構いるよ。

――Ｗ－１活動休止以後は武藤チルドレンが主要団体にいます。新日本の50周年セレモニーのように、武藤選手の還暦祭興行をやるのはどうですかね？　武藤チルドレンを集めて。

武藤　だけどこれまた面倒くさいのが看板だよ。カード編成も面倒くせえ。みんな看板背負ってるんだから。でもさ、新日本の50周年もすごいけど、ある意味武藤敬司もスゲーな、そう考えると。これだけ各団体に武藤チルドレンがいるって、プロレス界のコロナみたいなもんだ（笑）。

――はい。蔓延してますよ、武藤チルドレン。

武藤　ＫＡＩはドラゲー（ドラゴンゲート）のチャンピオンだし、大日本（プロレス）にも中之上いるしな。

――武藤選手の還暦祭についてはまた話すとして、50周年の新日本についてまとめてください。今後新日本はどうなっていきますか？

武藤　やっぱり環境に対応するように変化するんだよ、プロレスって。アメリカのプロレスとメキシコのプロレスとも違うし、ヨーロッパのキャッチとも違う。それが環境の中で生まれたもの。時代とともに変わってくる。新日本プロレスも順応して、いまのプロレスになってるんだろうけどさ。

――新日本がいちばん変わってるかもしれませんね、世界的に見て。ＷＷＥやＣＭＬＬって基本的には大きくは変わってないですよね。

武藤　コロコロ変わるっていっても前進させるためにチャレンジしてるわけで、決して悪いことじゃない。ヤバイと思ったら戻ればいい。チャレンジ精神って生き物には絶対必要。俺だっていまだに変わろうと思って頑張ってるわけで。

――新日本に限らずプロレス団体が生き残るために変化は必然？

武藤　なんだかんだで継続は力。１００年後に週プロ見て、「武藤敬司っていたんだな」って思ってくれればいい。ただ、活字に武藤が出ない時代もくるんだろうな。人々の記憶からもなくなって。

――それ以前にまず１００年後に週プロありますかね…。

馳浩 前編

石川県知事となったかつてのタッグパートナーについて語る「シックな黒いタイツの馳のほうが好きだった。それだったらエースになってた」

2022年3月の石川県知事選で激戦を制して見事に当選。晴れて地元の県知事となった馳浩は、かつての武藤の名パートナーでもある。新日本だけでなく全日本以降も縁が続く、馳を武藤がさまざまな角度から斬る。

『週刊プロレス』2022年5月4日号掲載

猪木さんの選挙を手伝ったときから政治に興味をもったらしい

――今回のテーマは石川県知事に就任した馳浩さんです。

武藤　ちょっと前、金沢に行ってきたんだよ。選挙終わったあと。金沢で10数年イメージキャラクターやってるCM撮りをやってきて。たまたま撮影スタジオの窓から見えるところで街頭演説やってたよ、馳先生。合間に俺のところに会いに来てくれて。

――どんな様子でした？

武藤　疲れ切ってた、選挙後で。

――えっ、当選して充実した表情じゃなかったんですか？

武藤　いやぁ…。当選したけど有力候補は3人いて3分の1で票が割れた。僅差で勝ったけど、つまり3分の2は敵陣営。だからいまから動かしていくのは大変だって。

――でもプロレス出身者から県知事って、プロレス界としても喜ばしいニュースですよね。

武藤　一国一城の主だからな。だいぶ前から自分の中の目標として動いてたんだろうな。じゃなかったら普通、衆議院議員やめないよ。

――もともと現役時代から政治志向なのは感じてました？

武藤　一番のきっかけは当時の新日本プロレスに言われたのか、猪木さんが選挙に出たときに付き人のごとくついてた。そのときから政治に興味をもったって聞いたことあるよ。まあ、それだけじゃないとは思うけど。

――今後、県知事レスラーとしてリングに上がる可能性は…。

武藤　衆議院議員時代と違って、さすがに試合は出られないだろうなって言ってたよ（苦笑）。

――まだ就任したばかりですしね。

武藤　足引っ張るひともいるんじゃないの？　「プロレスなんかやってる余裕があるなら、もっと政治ちゃんとやれ」とか言われたり。人生満足してるひとばかりじゃないからな。そういうひとからは責められるだろ。

――怒りをぶつけられる立場でもあります。

武藤　県知事の責任じゃないけどさ。責められてもしょうがない立場になってるから。県知事もいまコロナの時代でクローズアップされてるじゃん。

――各県で対応が違って、トップの舵取りは注目されました。

武藤　県によって違った発想しなきゃならなかったり、国とのやりとりもしなきゃいけない。コロナ禍の知事って大変だと思うよ。政策をうまくやったからってコロナがなくなるとかじゃないからさ。

――今後、コロナ対策で税金などが上がったりしたら…。

武藤　金の使い方だって賛否出るだろうし。政治は大変だ。ただ、「俺だったらこうする」っていう目標があるのかもしれないけど。

後藤さんのバックドロップを食らってから感性が極端に変わった

――プロレスラーとしてはどんな印象を持ってましたか？

武藤　ちょっと独特な感性をもってた。馳は昔、新日本からジャパン・プロレスってものが生まれて長州力たちが出ていった。そこでプロレスラーになってる。だから新日本プロレス（出身）じゃない。長州力がまた新日本に戻ってきたとき、そこにいたんだよ。そのときは黒いタイツでレスリングのシューズ履いて、シックな感じのレスラーだった。だけど（90年6月12日に）福岡で後藤（達俊）さんのバックドロップ食って（一時心肺停止状態になって）、三途の川から舞い戻って、そこからだよ。感性が極端に変わっちゃって。黄色いパンツはいたり、コーナーに上がってTシャツ投げたり。

――なにかが弾けましたね。

武藤　馳のなかで何がどうなったか知らないけど、俺は正直、シックな黒いタイツの馳のほうが好きだった、個人的には。黒タイツ時代はもっとストロングスタイルチックだった。あっちのほうが好きだよ、レスリング色も出ていて。まあ、あくまで俺の趣味だけど。

――オリンピックまで出てるレスリング出身者は、日本人プロレスラーでもそこまで多くないです。

武藤　当時はＵＷＦもあったから、そこに対抗し得る強さをもってた。そっちのほうが好きだったね。

――黄色になってからはジャイアントスイングをやったり…。

武藤　本来ジャイアントスイングって技はデカいヤツが小さいヤツを回すもの。巨漢のパワーファイターがやる技を馳がやること自体チョイス間違ってる（笑）。プラス、あの技は足腰使うよ。スタミナの浪費にもつながると思う。

――でも黄色タイツになってから武藤選手とタッグを組みました。

武藤　黄色になったおかげでレスラーの色的に俺とマッチした感じもあって。２人でＩＷＧＰタッグ王座だったり、（ＳＧタッグ）リーグ戦優勝とか取ったよ。

――チームとしては馳さんが司令塔でしたか？

武藤　司令塔？　俺は指令されて収まるようなタイプじゃない。やりたいことやるから（笑）。

――武藤選手がやりやすいようにお膳立てしてくれていたように見えました。馳さんはそういった名バイプレーヤーで決してエース的なポジションではなかったです。

武藤　もし黒タイツでいってたら、エースになってたような。そっちのほうが近道だったんじゃないの。当時の猪木さんや長州さんが好きなのはストロングスタイルだったと思うしさ。

馳浩 後編

全日本電撃移籍の「黒幕」だった馳によってプロレス人生が動く
今後は「原点に帰りすべてをかけて石川県を守っていく」と予想

『週刊プロレス』2022年5月18日号掲載

武藤のプロレス人生に大きな影響を与えた一人で、石川県知事でもある馳浩について語る後編。全日本移籍時には「黒幕説」が流れたが20年の時が過ぎ、武藤はあっさりそれを肯定。ほかにも試合のことなど馳についての思い出を振り返る。

俺は新日本をやめて全日本に行ってよかった

――馳さんとの付き合いは長いですよね。

武藤　馳もプロレス好き、プロレスLOVEだから。政治家になった時点で新日本は引退しろって言ったんだよ、強制的に。だけど本人はやる気が全然あって。上がれるリングとして全日本に行った。で、馬場さんが亡くなり、三沢社長率いる多くのレスラーがNOAHという団体をおこした。そのあと俺は馳から声がかかったんだよ。

――武藤選手の全日本移籍は馳さんが黒幕だったという説は本当？

武藤　そうだよ、本当だよ。

——馳さんは全日本でとくに役職もなかったですよね。

武藤　元子さん（ジャイアント馬場夫人）と仲良かったよ。

——馳さんの誘いで武藤選手も…。

武藤　そこで俺の運命が…歯車が狂ったのか、うまくいったのか、どっちかわからねえけどな（笑）。だけどそこから俺のプロレス人生動いていったよ。

——馳さんの説得がうまくなかったら全日本に行かなかった？

武藤　ただ、もしかしたら俺にも違うアプローチがあったかもわかんない。結論いったら俺は新日本やめて全日本に行ってよかったと思ってる。いまの俺がこうして存在してるわけだから。

——結果オーライだと。

武藤　で、全日本プロレスで俺が社長になってから、馳にあらためて「引退しちゃえ」って引退試合したんだよ、両国国技館で（06年8月27日）。総理大臣経験のある森喜朗さんも来て。ブードゥ・マーダーズって悪党が「オマエが総理やってるから俺みたいな悪党ができるんだ」ってすごいこと言って（リングサイド席の）森さんのほうになだれ込んだ。SPは笑ってたけど秘書が止めた。で、そのSPはクビになって、そのあと金沢行ったとき森さんの事務所で謝ったよ。その引退試合で馳がリング上で言ったのが、「大臣になったら帰ってくる」って。大臣になったからマスターズに呼んだんだよ。

——約束は守ってもらう、と。

武藤　俺は聞き逃さなかった（笑）。大臣になったからオファーしたよ。

——約束は守らざるを得ないです、大臣ならなおさら。

武藤　もともとプロレス好きだしな。娘さんがNOAHファン。誰かに頼めばいいのに普通にチケット買ってお客さんに紛れて娘と一緒に見て、そのまま帰ってるらしい。俺だったら絶対裏から手まわして席を取ってもらうけどな（笑）。

ムタが地位を確立できたのは馳のおかげ

——ちなみに議員にならないかと誘われたことはないですか？

武藤　いや、そっちはない。参議院の話とかあったけど、それは馳じゃなくて。俺はヒザ悪いし、街頭演説できないから。立ってられないし。ただ、プロレス界から政治家になる人は猪木さんを筆頭に多いけど、馳がいちばん長くやってるよな。政治家のなかでも長くやってるほうじゃないか。

——初当選が95年ですからね。いずれはプロレスの試合のオファーもまたしたいですか？

武藤　当面は大変だと思うよ、県知事になりたてで。慣れてきて、プロレスやっても揺るがない状態だって見極めてからだな。馳に音頭とらせて「ウクライナでプロレスやろう」って言わせようか（苦笑）。猪木さんが元気だったら行ってるんじゃない？

——あり得ますね。あと、プロレスラー馳浩としての思い出だとなにが浮かびます？

武藤　グレート・ムタの試合か。ムタがヒールとしての地位を確立した、方向性を決めたのがあの馳との試合だよ（90年）。ただ馳とタイトルマッチはしてないよな？

——はい。ノンタイトルでは何度か闘ってますよね。

武藤　シングルはイヤな思い出しかない。満足できてないというか。

——馳戦にいい作品はない？

武藤　むかし仙台でやった試合（93年9月24日）なんてしつこいプロレスしてたよ。

ムタの日本逆上陸第２戦目で馳と対戦。馳を大流血に追い込んで、ムタのヒール像を確立させた（1990年9・14広島サンプラザ）

――日本武道館（01年6月6日、新日本）でもそんな試合ありましたね。

武藤 あったな。クソつまらない試合。お客無視して（苦笑）。

――馳さんは確信犯的にやってくるんですかね、武藤選手相手だと。

武藤 ただ、スゲー努力家なんだよ、馳って。金沢でもむかしから朝早く起きて街頭演説してる。出勤時なんて聞いてるひと少ないけど、「街頭演説がプロレスラーでいうスクワットだ」って。あれが基礎、あれをやっとかないとダメだって。プロレスもマジメだった。

――ではこれからの馳さんに望むことは？

武藤 もう県知事になったんだから、ここから次はないんじゃない？ 石川県を守っていかなきゃ。これを踏み台にしてどうってことじゃないと思う。だったら衆議院議員やってるほうがよかったよ。それまでは大臣狙って、次は官房長官とか、そういう欲があったと思うけど、いまは石川県に骨を埋めるつもりでやってるんじゃないの？

――プロレスラー時代から金沢のイメージは強いですしね。

武藤 もともと地方から出てるんだから。石川県から推されて国政に出てるから、原点に帰ったんだよ。60歳すぎて政治家としても熟すころだし、すべてをぶつけて石川県を守っていくんじゃないの？

第三世代 前編

第三世代の印象は「基本的にマジメでいい子が多い」と高評価
小島はプロレススタイルが明るいところがいい

『週刊プロレス』2022年6月1日号掲載

新日本の小島聡が2022年4月からNOAHに参戦。かつて共に新日本を離脱して全日本に移籍するなど武藤とも関係の深い小島だが、世代でいうと闘魂三銃士のすぐ下にあたり、「第三世代」の呼称で定着している。この世代を武藤はどう見ているのか…。

第三世代は基礎がしっかりしてるから長続きしてる

武藤 俺、よくわかんないんだけど第三世代って誰のこと言うの？

――闘魂三銃士より下世代で天山、小島、永田、中西の4選手が代表格です。

武藤 そうなんだ。第三世代の俺からのイメージは基本的にマジメでいい子が多いんだよ。三銃士なんてある意味デタラメじゃん（笑）。

――いい意味で、ですね。

武藤 表現者としてはデタラメなほうがおもしろいんだよ。でも第三世代ってしっかり教育されてきたなかで生まれたレスラーだからみんないい子。しっかりしたプロレスしてるし。第三世代って馳あたりがコーチしてたんだろ？

――まさにその世代です。馳さんと佐々木健介さんが厳しく育てたと思います。

武藤　きっとマニュアルで教えられてきたからさ、小島にしても天山にしてもラリアット使ったり。そういう教わり方だから、ある意味画一化してたりするよな。

――そういう面はあるでしょうね。

武藤　ただひと口で第三世代っていってもカシンとか藤田（和之）、あれも第三世代？

――カシン選手はそうですが、藤田選手はデビューがひと世代遅いから違うと思います。

武藤　そうなの？　中西もだけど、コイツらはレスリングの強者として入ってきてるからね。だから第三世代のなかでもレスリング出身者と天山、小島みたいなたたき上げ組と、もしかしたら見えない派閥とかあったんじゃないの？

――あったでしょう。大卒組とそうじゃない選手たちでは、若手時代はいろいろ違ったでしょうし。

武藤　第三世代がどうとかって言われることも多いけど、彼らは基礎、基本がしっかりしてるからみんな長続きしてるよ。中西くらいじゃん、引退してるのは。

――そうですね。確かにそれぞれのリングでまだ試合をしています。

武藤　やっぱり最初に受けた教育がしっかりしてたからだろうな。

――新日本時代の武藤選手の歴代付き人はほぼ第三世代ですよね？

武藤　そうだよ。ほとんど第三世代はやってる。石澤、西村、永田、吉江。小島、天山はやってないか。

――下からの突き上げでいうと、いちばん脅威に感じる世代ですよね。でも武藤選手は第三世代の脅威を感じていなかったような…。

武藤 そんなことはないよ。中西にG1決勝（99年）で負けたこともあるし、永田にも負けてるよな？

——はい、01年のG1優勝戦です。

武藤 そのときは俺が踏み台にされてるんだから。ただ踏み台にされたけど俺も踏み台のままではいなかったから。変化していって。

——ある意味、第三世代が武藤選手を踏み切れなかったというか…。

武藤 いや、そのときは踏み切ってるんだよ。

全日本に移籍するとき小島を誘った理由

——なるほど。では02年に新日本から全日本に移籍するとき、小島選手を誘ったのはなぜですか？

武藤 小島に関して言うとプライベートはともかくとして、とりあえずリング上は陽だった。明るくてよかったんだよ。

——ここではプライベートのことは置いて話しましょう。

武藤 リング上で明るいのはひとつの長所。だから小島を誘って全日本に行ったんだよ。全体的にアイツのプロレススタイルは明るい。陰湿じゃないだろ。でも、プライベートはすごく暗いんだよ（笑）。

——プライベートはともかく、第三世代のほかの選手と比べて陽だったということですか？

武藤 そうそう。だから第三世代で小島を引っ張っていったんだよ。

——結果、武藤選手の期待に応えてくれました？

武藤 そうだね。

――第三世代で唯一プロレス大賞のMVPを受賞しているのが小島選手です。

武藤　そうなの!?　アイツ、建前上のベビーフェースは大好きでさ。全日本に俺と行くときも、新日本にもっと恨まれてくればいいものを…。

――たしかに新日本ラストマッチでは、天山選手と組んで最後の天コジとして感動的でした。その後天コジは復活しますが…。

武藤　恨まれて出ていけばもっとビジネスにつながるのに、アイツはいい子演じながら中途半端だった。だから舞い戻ったんだろ。

――だからこそ新日本に戻れたとも言えますよ。

武藤　いや、恨まれて出てれば、もっと新日本に戻ったときも盛り上がったかもしれないよ。

――過去の話はともかくとして…。

武藤　第三世代でひとつ残念なのは中西が引退しちゃってることだよ、俺より先に。あとはだいたい生き残ってるけどな。

――第三世代はプロレス史的には三銃士と棚橋&中邑世代の間になります。

武藤　プロレス界的にはちょっと時代の狭間だったかもな。

――小島選手といまになってまた同じリングで闘うのも運命的です。

武藤　影響与えてるとは思うけど、やっぱりNOAHが小島をチョイスした理由もきっとあるんだよ。

――それはそうでしょう。

武藤　もしかしたらNOAHのプロレスに合うって判断かもしれないし。

1999年のG1優勝戦では中西に
敗北。第三世代の踏み台になっ
てしまった（8・15両国国技館）

第三世代 後編

三銃士世代と棚橋世代の間で「時代の狭間に巻き込まれた世代」第三世代のいちばんの成功者は誰か問題の結論は「小島じゃないの?」

『週刊プロレス』2022年6月15日号掲載

第三世代は日本プロレス史的観点からすると「狭間の世代」と見られてきたが、武藤いわく「落ち度はない」。個々の実力も高評価しており、第三世代で誰が一番の成功者かという問いには、再び同じ主戦場で闘うことになった後輩の名を即答した。

俺らは一国一城の主を目指すのが伝統だと思ってた

――日本のプロレス界の大きな流れとしては、2008年1・4東京ドームで武藤選手が棚橋選手に敗れてエースのバトンをタッチしたじゃないですか。本来の順番では武藤選手から第三世代にバトンをつなげるべきところなのに…。

武藤　だけど第三世代の中西、永田、天山、小島…レスラーとしてなにも劣るところはないよ。中西なんてあんな規格外でオリンピックまで出た経歴も素晴らしいし。落ち度はないよな。もしかしたら時代の狭間に巻き込まれた世代なのかもしれないな。新日本プロレスが苦しかった時期にレスラーとしての全盛期を迎えてるというか。

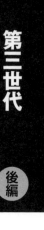

――キャリア、年齢的にも…。

武藤　その時間がうまく重なってないのかもしれない。かといって引退した中西はともかくコンディションはよさそうだもんな。

――第三世代で団体の長になった選手はZERO1の大谷晋二郎選手以外ほぼいません。プロレス界で一国一城の主を目指したのは三銃士世代まででしたかね？

武藤　そこからして俺たちはおかしいんだよ（苦笑）。サラリーレスラーなのに一国一城の主を目指すっていうのは、俺たちの野心というかデタラメさだろ。

――プロレスラーとしてはそこを目指すほうが自然な気もします。

武藤　猪木さんがそうであったように、長州力がそうであったように、前田日明がそうであったように。俺らはそういうのが伝統だと思って動いたんだけど……そこから伝統がしっかりしなくなって止まっちゃった（苦笑）。第三世代からいい子になってるんだよ。

――武藤選手を見て一国一城の主にならないほうがいいと思った？

武藤　そうだよ（笑）。俺らの背中は見られてる、苦労してるから。

――出るよりひとつの団体に属し続けたほうがいい時代というか。

武藤　だけど経営者になったら、もっと深くプロレスを考えるから。本当に深く考える、プロレスというものを。経営者としての見られ方もあって、レスラー像が広くなる部分はあるだろうな。

――今後も第三世代より下で経営者レスラーは出ないですかね？

武藤　出ないほうがいいよ。団体が増えたってしょうがないし。俺が全日本やってるときだって、後ろに大きな会社がついてるわけでもなくやっていた。そういうのは大変だよ。支えてくれるひとがいたほうが…エンターテインメントって金のかかるビジネスだからさ。

——選手はプロレスだけに専念できるのが理想？

武藤　そう。経験者が言うんだから（苦笑）。

レジェンドになるには適度な風化が必要

——武藤選手たちは経営もして苦労した世代。棚橋選手たちは選手に専念できた世代。第三世代は狭間というか。

武藤　そういう見方をしたことないからわかんないけど、第三世代といわれるジェネレーション。ほかの業界もみんなあんな感じなの？　違うよな？　プロレス界だけだよな？

——そもそもほかのプロスポーツ界は第三世代のキャリア、年齢はだいたい引退してると思います。

武藤　そうだよな。でも芸能界だといちばん脂がのっている役者だよな、きっと。芸人とかも。お笑い第7世代は受けてるじゃん。

——芸人事情をよくご存じで。

武藤　レスラーだから商品価値も重要だ。俺はあいつらより上の世代だけど痩せても枯れても、あいつらには負けない気持ちあるよ。本当はもっと地味に復帰したかったんだよ（左股関節唇損傷による3カ月半の欠場から復帰）。それがいきなり（5・21大田区）メイン。もしかしたらNOAHは俺の復帰戦がひとつ売りになるという感覚なんだろうな。

——評価は第三者がするものですから。第三世代をまとめると、あと何年かしたら彼らもレジェンドと呼ばれるようになりますかね？

武藤は第三世代の小島を連れて
新日本から全日本へ移籍。小島
の明るいプロレススタイルを買っ
ていた

武藤　いやぁ…ちょっと元気すぎる。アイツら50代前半だろ。俺とか蝶野が50のころより全然元気。橋本なんか50に到達しなかったんだから。四天王と比べたってアイツら元気。元気すぎるからレジェンドっぽく見られないというか。

――なるほど。レジェンドの定義に当てはまらない？

武藤　風化してないとレジェンドじゃないじゃん。

――レジェンドに必要な要素は風化なんですね。

武藤　そう（笑）。とくに小島は元気すぎる。で、第三世代は結局誰がいちばん成功したんだよ？

――難しい質問ですね、それは。

武藤　小島じゃないの？　全日本のときの小島がいちばんすごいだろ。60分ギリギリで天山に勝ってるんだから。

――しかも三冠とＩＷＧＰのダブルタイトルマッチでした。

武藤　あれはシチュエーションが全日本の小島だからよかった。

――第三世代で誰が一番かって話は、今後の小島選手のＮＯＡＨでの活躍にもよるかと思います。

武藤　小島って使い勝手がいいってことだよな。

――あまり言い方がよくないです。

武藤　それひっくるめてコンディションがいいんだよ。第三世代のなかでもいいだろ。嬉しいと思うよ、小島は。レスラーの存在価値って注目されてナンボなんだから。

マイクアピール　前編

むかしのマイクは「感情表現」、現在は「説明、ごあいさつ」になり…　自身の美学は「そこまで見せたくもない。ひとに考えさせるのがプロレス」

『週刊プロレス』2022年6月29日号掲載

2022年6月12日、「サイバーファイトフェスティバル2022」（さいたまスーパーアリーナ）で引退表明のためにマイクを持った武藤だが、試合後のアピールでマイクを持つ機会はいまの選手に比べるとかなり少ない。プロレス界的に日常となっているマイクアピールについて武藤の見解は…。

ファンに想像させるほうが美しい

――最近のプロレス界はマイクアピールが当たり前になってますね。

武藤　むかしといまってプロレスの伝え方も違ってきてるからな。マイクアピールってもともとアメリカにはあったよ、そういう文化だったから。だけど日本にはそんなになかった。猪木さんだってマイクパフォーマンスしたりって…必要なときはやってたけど、必要じゃないときはやってなかった。

――いまでこそ猪木さんといえば締めのマイクで…。

武藤「1、2、3、ダー」なんて（現役の）最後のころだからね、やり始めたの。それまではなにかあったときだけマイクを使った。これはプロレスのシステムの違いで、テレビとプロレスの在り方に関係してると思う。アメリカのテレビって大事な試合に向けて、ある意味番宣になっていた。そこ（マイク）で煽って言葉で説明しないとわからないことをやって、ビッグマッチに備えていく。

——マイクアピールで期待感を高めていたわけですね。

武藤　そう。でも日本は違ったから。日本はテレビ（で放映する試合）がすべてだったから（マイクで煽る）必要なかった。むかしのアメリカはテレビを次の宣伝の武器として使って、それで会場に客を集める。そういうスタイル。のちにペイパービューになったりしたけど。日本はテレビで試合を見せてればよかったから煽る必要はなかった。それが昭和の時代だよ。

——でも平成になると変わりました。猪木さんの「1、2、3、ダー」も平成2年（1990年）の東京ドーム大会で生まれています。

武藤　猪木さんのダーってただのあいさつじゃん。締めのごあいさつの一環であって、俺なんてそんなにマイク持ってないよ。

——武藤選手にマイクのイメージはあまりないです。

武藤　俺はそこまで見せたくもない。俺の美学って見てるひとに考えさせるのがプロレスだから。

——選手がマイクでなにか言うとそれが答えになってしまう？

武藤　むかしは週プロ、ゴング、ファイトと3つの専門誌紙があって同じ試合を週プロとゴングが正反対のこと書いたりしてた（苦笑）。それだけ見るひとによって十人十色、感じ方が違う。そこは想像させたほうが…。

——次への期待感を高めます。

武藤　想像させるほうが綺麗というか。俳句だって短い言葉のなかですべては語ってないじゃん。

――短い文の中で詠み手の心情を聞き手が予想するものです。

武藤　そう。同じ芸術だからプロレスも似たようなところあるよ。俺はそっちを求めたい。

蝶野のマイクは犬が吠えてるみたい

――いまはなんでもサービス過剰な時代。どの団体も大会の締めマイクは普通で、メインイベンターが観客への感謝まで口にします。

武藤　いまはそういう時代だから、それでいいけど…。これはあまり言いたくないけどさ、言わざるを得ない感じあるよ。だからむかしの「噛ませ犬」とか「ど真ん中」みたいな、心に刺さるマイクっていまはないよ。活字になるような。

――いまのマイクは定番、最後はこれで締めるという形式ですかね。

武藤　しょうがないんだよ、説明だから。

――締めのセリフが出たら興行はおしまいという説明ですか？

武藤　だけどむかしのプロレスラーは、感情の使い方のひとつでマイクを使ってた。蝶野だってそうがなり立てて適当になんか言ってるだけだぞ、あれ。勢いだけ（笑）。あんなの活舌悪いとかそういう次元じゃなくて、意味がわからない。犬が吠えてるみたいな（笑）。あれで怒ってるという感情を伝えてるんであって、ひとつの技と一緒。怒りを伝える方法論のひとつ。

――最近はあいさつのマイクが多くて、感情を伝えるマイクは少なくなってますかね？

武藤　そうなんだろうな。むかしの猪木さんなんて延髄斬りして、フォール取って、ダーやって、それでチャンチャンだ。お客はそれで終わりましたってわかるから。（興行が）締まりましたねって。

――だからマイクは必要なかった。でも最近のトップ選手は締めのマイクも必要不可欠になってます。

武藤　俺は締めでマイク持ったことあんまりないよ。長州さん、藤波さんだってわざわざ締めのマイクなんて持たなかった。むかしの選手は持たないよ。いや、橋本は持ってたかもしれない（笑）。

――ZERO－ONEやハッスルで締めのマイクやってましたね。

武藤　やってたな（笑）。プロレスじゃないけど、舞台役者とかはどうなの？

――公演後に締めマイクをするかってことですか？　カーテンコールはありますけど…。

武藤　ちょっとそれとは違うな。プロスポーツのカテゴリーで選手は締めのあいさつとかしてる？

――ヒーローインタビューは…。

武藤　あれはまた違うだろ。まあ、俺は古いレスラーだから、リングの仕事で勝負しろって思うよ。マイクを持った時点でごまかしてるんじゃないかなって。

――試合だけじゃ観客を満足させられてない不安がある？

武藤　そういうふうにとらえちゃうよ、俺としては。

ここぞというときの武藤のマイクで印象深いのは1995年5月、橋本を下してIWGPヘビー級王座を素顔で初戴冠したとき。「新生・武藤敬司はバク進します!」という名言が飛び出した（5・3福岡ドーム）

マイクアピール 後編

ありのままの姿は言葉よりも強し マイクを持たないで想像させる「リアリティー」こそ武藤のプロレス

『週刊プロレス』2022年7月13日号掲載

試合後にマイクを持つ美学はない武藤だが、2002年6月12日の「サイバーファイトフェスティバル」ではリングでマイクを持った。「説明しなきゃならないときは説明してる」と本人が言う通りファンに引退決意を告げたわけだが、引退ロードでマイクを持つ機会はあるか⁉

肉体がボロボロの切なさも武器

――試合後のマイクが長い選手は、そんな力が残ってるなら試合で使えとの批判もあるみたいですね。

武藤　タイトルマッチのあとも俺の場合はベルト巻いて、ちゃんとボロボロになって足引きずりながら帰るからな。その切なさだったりも逆に武器にしたい。そっちのほうがリアリティーあるだろ。

――マイクで言うより試合後のありのままの姿を見せればいい？

武藤　そこで言葉は邪魔な存在であって。俺のなかでプロレスは想像させる世界。そうすることで「激しい試合だったんだな」とか思わせるのもひとつの武器。「ボロボロじゃん」って思われるのもそれはそれでいいし。

――最近はタイトル戦のあと挑戦をアピールするためにリングに上がってマイクを持つ選手も多いですが、そのやり取りも必要ない？

武藤 ウーン…。

――そのやり取りが次への期待につながる面もあります。

武藤 そうなんだよな。システマティックにしなきゃいけないなかで、サイクルが早くなってるんだよ、きっと。

――各団体、ビッグマッチの数も多いですし。

武藤 そうそう。それっていまの国民性なんだよ。クイズ番組だって俺が子供のころ見てた『クイズダービー』は、ひとつの問題を答えるのに時間かけてたよ。でもいまは10秒くらいで次から次へ問題が出てくる。待ってられないんだろうな。そういう時代なんだよ。

――プロレスも試合だけでなく、マイクで次から次へ情報を与えていかないといけない時代？

武藤 かといっていまの時代まで、自分のスタイルで生きてこられたわけだから。俺はべつに時代にあえて染まることもしたくないし。

――でも引退ロードではマイクを持つ機会もあるかもしれませんね。

武藤 やっぱり俺もキーポイントのときは言うよ。

――武藤選手はマイクよりもインタビューや会見で発言した言葉が記憶に残ってますよね。「ゴールのないマラソン」とか…。

武藤 俺の言葉なんてマスコミが作ってくれた、活字にしてくれたものだから。俺がそれを売りにしたり。「プロレスLOVE」だって俺が考えた言葉じゃないよ。マスコミが勝手に活字にしただけで。

――事前にこういうことを言ってやろうと狙ったりはしない？

武藤　考えはするよ。考えなきゃなに言っていいかわからないんだから。サイバーフェスだって、なんのために行ったかってそれを言うために行ったわけで。

――引退決意を告げるためですね。

武藤　だから言うしかねえじゃん。俺だって説明しなきゃならないときは説明してる。潮崎に（GHC王座）挑戦表明したとき（2020年11月、代々木）だって、リングでマイク持ったよ。「夢追ってもいいだろ」とか、言わざるを得ないときは言ってるんだよ。

名言なんて狙って出るもんじゃない

――でも、いまの時代は言わなくてもいいときまでマイクを持つ選手が多い？

武藤　なにはともあれ日本の社会に同化して、プロレスもいい形になってくれればいいよな。

――プロレス界でマイクアピールが当たり前になったのも社会と同化したひとつの証ですかね？

武藤　ただ、前にタッグマッチの話したとき言ったけどさ、ふつうのひとはタッグマッチで試合権利がない選手がなんで出てきていいのかとか、プロレス見てないひとはそこに絶対「?」がつくわけだ。周りがそういうものだってわかり得るひとしか見てくれないものにしちゃってるよな。

――プロレスも時代によって変わるから、またマイク不要の世界になる可能性もありますかね？

武藤　だって昭和の時代のひとはいまのレスラーより口下手だったよ。だからこそ要点だけをインパクト残るように言ってた。本当の感情っていうかさ。

――だから伝わるし、後世にまで残るんですよね。かつての長州さんのマイクのように。

武藤　長州さんはまた特別（笑）。ツイッターだってふつうの感性じゃないじゃん。まあ、藤波さんだって（マスクマンのスーパー・ストロング・マシンに向かって）「オマエは平田だろ」なんて、あんなの普通言わないだろ（苦笑）。

――はい、マスクマンの本名なんて普通言えません。

武藤　昭和のひとたちのマイクだと、（国際軍団として新日本マットに殴り込んできた）ラッシャー木村さんの「こんばんは」って、あれ普通に言っちゃっただけだろ（苦笑）。

――でしょうね。

武藤　そこを逆手にとってみんながおもしろがったのかもしれない。ただ、あれがいいことか俺にはわからない。

――あの場面は今後抗争する敵の猪木さんに挑発的な言葉を並べるのが普通です。そこでなぜかあいさつから始めてしまったという。

武藤　木村さんが「こんばんは」って言ったのは、のちに話題になったかもしれないけど、あれがプロレス壊した部分もあるかもしれないよな、考えようによっちゃ。

――それはありますよね。とりあえず引退の日まで武藤語録が増えることを期待してます。

武藤　いや、名言なんて狙って出るもんじゃないよ。去っていくときに言葉なんていらねえんだから。

チャンピオンベルト 前編

若手時代から世界で王座奪取して、日本一のベルトコレクターを自認 「あの年の武藤敬司はカッコよかった」と振り返る理想の王者時代は…

『週刊プロレス』2022年7月27日号掲載

長きにわたるプロレス人生でいくつものチャンピオンベルトを奪取してきた武藤。あらためて自身の王座遍歴を振り返るとともに、プロレスラーにとってのチャンピオンベルトとはどういうものなのかを説く。

信用、技術、安定がないとチャンピオンにはなれない

――長いキャリアで武藤選手は数多くのベルトを手にしてきました。

武藤 まず最初に言っておきたいのはチャンピオンベルトを語るにあたって、おそらく日本のプロレスラーのなかでいちばんいろんなベルトを巻いたのは俺だから。最初はフロリダヘビー級かな、その次はUSジュニア。

――日本より先にアメリカでベルトを取ってるんですよね。

武藤 そうだよ。そのあと日本でIWGPヘビー巻いて、グレーテスト18は取って返上して。その間も数々のタッグ王座を巻いてきた。蝶野、馳…いろんなパートナーと。

――国内最初のベルトは越中選手と組んでIWGPタッグでした。

武藤　そうそう。それも前田＆高田から取ってるから。まだ23～24歳で。プエルトリコではカリビアンなんとかも取ったし。WCWではTVチャンピオンにもなってる。

――世界での実績がすごいです。

武藤　日本だって新日本でIWGP取ったあとは三冠ヘビー、世界タッグ。最後はNOAHでGHCヘビー。10数年前に日刊スポーツで、取ったベルトの数は馬場さんを抜いて俺が1位って記事が出たことあるよ。

――若手時代からベルトを巻いている武藤選手にとって、あらためてチャンピオンベルトとは？

武藤　俺は若手のころフロリダヘビーをケンドール・ウインダムから取ってる。プエルトリコでも取ったし、俺、行くとこ行くとこテリトリーで全部ベルト取ってるんだから。それはそのテリトリーで俺というレスラーの信用と価値がないと取れないもの。技術と安定がないと向こうでチャンピオンシップ組んでくれないよ。

――日本で挑戦するよりも…。

武藤　難しい。どこのテリトリーにも絶対地元のエースっているんだ。地元のアントニオ猪木が。で、その選手とやらないとベルトは取れない。俺が行ってたころよりもっと前の時代はテネシーならテネシー、フロリダならフロリダで、ステーツごとにベルトがあった。だけどいまと何が違うって情報が出回らない。当時はヒールってテリトリーを転々とする。だから「あのヒールはここですごかった」って言われたら、今度はあっちに呼ばれて行く。その情報の出回るスパンが長いから、ひとつの場所で長くビジネスできる。むかしの文化はそういうものだよ。

――ある意味、のどかというか…。

武藤　いまは情報がＳＮＳだなんだで瞬時に伝わっちゃう。当時のアメリカはＮＷＡ、ＡＷＡ、ＷＷＦ（ＷＷＥ）の３つが力をもってて主要だった。そこからＷＷＥとＷＣＷが残ったけど、最終的にはＷＷＥひとつになっちゃったよな。

チャンピオンの仕事は経済効果を上げること

――武藤選手のベルトの話に戻して、いままでで思い出深いベルトを挙げるとすると？

武藤　ベルトって取ったら、いつかは取られなきゃいけないからな。

――王者にはその覚悟も必要だと。

武藤　俺のなかではまず95年のＩＷＧＰヘビー。あの年は髙田さんともやってるけど、その前にベルト取って、Ｇ１も優勝して。短期だったけどな、翌年の（1・4）東京ドームで取られてる。その次に取ったのは99年か。

――99年は１・４ドームで取って、12月に天龍さんに取られるまで１年間ベルトを守りました。

武藤　その間リング上（で物議をかもしたの）は橋本vs小川（直也）だ。そのゴタゴタの尻ぬぐいの試合を、ベルトを懸けて１対１の闘いをやってたよ。あの年はＭＶＰ取ったけど、あの年のプロレスラー武藤敬司はカッコよかったな。客観的に自分で見て。

――リング外のゴタゴタを王者としてタイトルマッチの試合内容ですっきりさせてました。あれは武藤選手の理想の王者像でしたか？

武藤　そうだね。まだ体調的に元気だったし。あの年はほかにも大仁田（厚）だなんだいろんな人物

武藤自身も充足感を感じている1999年のIWGPヘビー級王者時代。小川直也 vs橋本 の 遺恨抗争や大仁田厚の参戦など、リング外の話題が先行する中、チャンピオンとしてきっちり試合で魅せた（写真は10・11東京ドーム、中西戦）

が出るなかで、最後にタイトルマッチで（騒ぎを）大掃除をして（観客を）帰してた。

――いい試合を見せて、観客を満足させてましたね。

武藤　あれはいちばんいいチャンピオン時代だった気がする。当時メディアによく言ってたのは「俺がチャンピオンになったら経済効果よくさせてやる」って。それを有言実行でやってたよ。

――たしかにカッコいいですね。

武藤　最初の俺のチャンピオンベルトの接点はフロリダ。小さいテリトリーだけど、ここに若いころのバリー・ウインダム、レックス・ルガーがいて。ＮＷＡの傘下だからＮＷＡからチャンピオンのリック・フレアーがフロリダに来るんだよ。若手のウインダムと防衛戦して、押されながらも最後はフレアーが勝つ。だけどフレアーが来るとハウスが上がるんだ。

――会場の集客がアップしたと。

武藤　むかしはハウスの入りのパーセンテージが、俺たちのギャラだった。だからフレアーが来るとギャラが上がる。そうなるとフレアー様様ってなる。

――だからむかしのチャンピオンはレスラー仲間からリスペクトされるんですね。

武藤　そうだよ。如実にわかるからね。数字に出るし。むかしのシステムだけど、そこで俺は初めてチャンピオンってすごいんだなって実感したよ。

チャンピオンベルト 後編

「すべてストーリーがある」と自負する王者時代の数々の思い出 ベルトコレクターからの提言は「ベルトには過去があったほうが厚みが出る」

『週刊プロレス』2022年8月10日号掲載

新日本所属時代にIWGPヘビー級王座と全日本の三冠ヘビー級王座、全日本所属時代には再び新日本のIWGPヘビー級王座。そして、2021年2月にGHCヘビー級王座を奪取するとその直後にNOAH所属となる。さまざまな形で王者として君臨してきた武藤からのベルトについての提言は…。

俺がベルトを取ったら団体を潤わせてやる

――古今東西、武藤選手はベルトをたくさん巻いてきたので、焦点を絞りにくいところがありますね。

武藤　もうひとつ思い出したよ。全日本プロレス所属時代にも俺IWGP取ったことあったよ（2008年）。当時の新日本はまだ低迷してて、「俺がベルト取ったら新日本を潤わしてやる」って公言した記憶あるよ。

――当時は全日本の社長です。まず全日本を潤わすべきかと…。

武藤　（苦笑）。

――08年の4月から09年1・4まで全日本の武藤敬司として新日本の頂点の王者でした。

武藤　最後に東京ドームで棚橋に落としたんだよな。

――はい。中邑（真輔）選手から奪ったベルトを棚橋選手に明け渡しました。

武藤　それは新日本が決めたカードだからな。中邑にはリマッチでも勝ったけど、よく新日本は2回ぶつけてきたと思うよ。

――当時の期待の表れでしょう。

武藤　いま振り返ったら俺がベルト取ってるときって全部ストーリーあるぞ。三冠取ったときだってカッコよかったよ。新日本所属で三冠取ったんだから。そのときは全日本に乗り込んで「全日本を潤わせてやる」って言って。

――むかしの武藤選手は他社を潤わせるのが大好きだったんですね。

武藤　（苦笑）。

――三冠時代は6冠王にもなって、ベルトを全身に巻きつけてましたが、あれは斬新でした。

武藤　あのときの全日本のひとはヒヤヒヤしてたらしいよ。当時の社長の（馬場）元子さんはベルトにすごく神経質だったから。撮影でベルトを地ベタにおいて上から撮ったら、元子さんスゲー怒ったんだから。

――6冠王を怒る人も元子さんくらいでしょう。

武藤　だから俺は自分のチャンピオン時代は全部思い入れあるな。

――それぞれの作品＝防衛戦でいい試合内容も残してます。

武藤　ＧＨＣだってちゃんと思い出に残ってるよ。ベルト取った潮崎戦はベストバウト取ったし、丸

三冠ヘビー級王座、世界タッグ王座の計5本のベルトを体に巻きつけて入場する武藤（2001年10・27日本武道館、蝶野戦）

藤との防衛戦はムーンサルト（・プレス）出してみんなから怒られて（笑）。

――王者時代よく怒られてますね。

武藤　ただ、本当は心残りひとつあるんだよ。グレート・ムタでもGHCヘビー取りたかった。

――実現してたらムタでも…。

武藤　グランドスラム、それやりたかったよ。本当そこだけだよ。

――引退を決めたいまはキャリアで初めてベルトを意識しないプロレス生活ですよね？

武藤　そうなるな。

――モチベーションは？

武藤　走り切ることだよ、ゴールまで。しかもベストな状態で。ベストは無理だけど、そのときのベストな状態で走り切るしかないよ。

三冠を取ったときスゲー光栄なことだと思った

――武藤選手は引退しても、プロレスラーが常にベルトを目指す姿勢は不変ですかね？
武藤　ベルトの価値を上げていかなきゃダメだろうな、もっと。頂点のベルトを欲して闘う、この図式がいちばん純粋たるモチベーションというか。ちょっと気になるのはNOAHのチャンピオンシップは目いっぱい頑張るせいか時間が長くなる。まったりじゃないけど、「タイトルマッチはなぜ長くなるの？」って思われたりするよ。現代の形ってなんでもスピーディー。いまはスマホでプロレス見てるビギナー層もいるなかで、目にとめるにはリング上の動きが止まってるより動いてるほうがいいよ。

——たまにはタイトルマッチを30分にしてはダメですか？

武藤　そのほうがストーリーに膨らみ出るかもな。3回やって3回とも30分ドローでもおもしろい。

——話をまとめると今後もプロレスがあり続ける限り、チャンピオンベルトもあり続ける？

武藤　そりゃそうだ。各団体にはベルトの重さ、価値を磨きにかかる作業は忘れないでほしい。

——プロレス界はベルト統一の思想はなく、今後も増えそうですね。

武藤　いいビジネスにするにはＮＯＡＨ、新日本、全日本のベルトを統一しちまって、持ち回りにしたほうがビジネスになるだろ。

——いや、統一王者が一人だといろいろ困るかと。そういえば小橋建太さんは引退試合にＧＨＣベルトのレプリカを巻いてきましたが、武藤選手も引退試合になにかベルトを巻きたいですか？

武藤　俺、ベルトにそこまでこだわりねえなぁ。だってプロレスはさ…（以下掲載自粛）。ひとつわからないのは新日本が過去を捨てて、新しいＩＷＧＰを作ったのが俺にはわからない。

——２０２１年にＩＷＧＰヘビーとインターコンチネンタルを統一して、新たにＩＷＧＰ世界ヘビーを創設しました。

武藤　だって過去を捨てるというのはさ…（これまた掲載自粛）野球だって大谷（翔平）が二刀流やってると常にベーブ・ルースって名前が出てくる。ぶっちゃけ大谷の方がすごいと思うよ。だけど過去と比較されたりする。それに過去があったほうが厚みが出る。俺が三冠取ったときもＵＮ（ヘビー級王座）って猪木さんが巻いてたり、インター（ナショナルヘビー級王座）なんて力道山が巻いてんだよ。それを聞いたとき光栄なことだってスゲー思ったよ。新しいっていったって、過去に誰が巻いてるって歴史がないんだから…（またまた掲載自粛）。

技 前編

いちばん重要なのは最初に仕込まれた基本のレスリング。それも技 最初のフィニッシュをムーンサルト・プレスにした理由は観客の反応

『週刊プロレス』2022年8月24日号掲載

若手時代からムーンサルト・プレスを使い、その後フィニッシュとして定着。しかしキャリアを重ねるごとに肉体の変化もあって、武藤はフィニッシュ技を変えてきた。あらためて技について聞いてみると…。

タックルひとつ、ヘッドロックひとつにしても重要

――武藤選手ほど時代時代でフィニッシュ技を変えて成功した選手はいないと思います。

武藤　だけどむかし俺たちが若いときって、ヤングボーイは基本的にロープに飛んだら怒られるし、派手な技やったら怒られる。そのなかで試合しなきゃいけない。その状況で試合を組み立ててたよ。それが成長していくと派手な技をするようになる。それでまた年取ってくるとだんだん技が少なくなってくる（笑）。

――身体能力的にできなくなる技も出てきますよね。

武藤　やっぱ最初に仕込まれた基本のレスリングがいちばん重要だよ。それも技じゃん。タックルひ

とつ、ヘッドロックひとつにしても。バックの取り方、足の取り方、それも全部技だよ。

——普遍的な技ですね。

武藤 その基本が時代とともにちょっとおろそかじゃないけど、変わってきたよな、きっと。むかしのプロレスで語ってもしょうがないと思うけど、試合開始30分くらい前までむかしの新日本はリングでスパーリングやってたから、猪木さんも入って。客もリングサイドでそれを見てる。で、30分後には試合が始まる。俺らはスパーリング終わったらすぐだよ。客はそれを見たうえで1試合目が始まるから溶け込みやすいというか。

——スパーリングがいい説明になっていたのですね。

武藤 それで若手のあとタッグマッチだったり、外国人が出たり、ジュニアの試合があったり。で、最後は猪木さん。綺麗なピラミッドの形がむかしはあったんだよ。時代とともに人材がいなくなったらしょうがないけど、そうやって崩れてきたところもあるだろうな。

——武藤選手はある意味、ピラミッドを崩した側ですよね。若手時代からムーンサルト・プレスという大技を使ってましたし。

武藤 そう（笑）。目立とう精神からきてるわけで。あのときは図式が崩れつつあったから。先輩たちがみんないなくなって。

——武藤選手の若手時代の新日本は長州維新軍、前田UWFらの大量離脱があったんですよね。

武藤 文句言う先輩がいなくなったら、「やっちゃえ」って思うのが普通の人間じゃん（笑）。

——プロレス界に限らないですね、その話は。

武藤 レスラーたるもの根本的に目立とう精神は絶対必要だと思うよ。常々言ってるけどマジメなヤツはマジメなプロレスしかできないし、遊び心があるヤツは遊び心のあるプロレスができる。プロレスって性格が出るよ。ただ、技っていうのは本物じゃないとダメだ。

技は耳で感じ取れ

――プロレス技の「本物」は定義も難しくないですか？

武藤　たとえば序盤で藤田（和之）がかますタックル、（中嶋）勝彦がかますキック。あれは本物だから一瞬で緊張感が走るし、客も引きつけられる。

――本物は見ればわかると。

武藤　で、どんな技の話をすればいいの？

――基本技の話も大変興味深いですが、武藤選手の歴代のフィニッシュ技を振り返ってほしいです。まずはムーンサルトから。

武藤　あれはぶつけ本番でやってできたから（使い始めた）。

――それをフィニッシュにしたのはなぜですか？

武藤　俺たちはライブでやってるから、お客の盛り上がりだよ。最初はたぶんしょっぱいムーンサルトだ。それでもスゲー沸いた記憶があった。レスリング用語でいうとプレイ・バイ・イアーって言うんだけどさ。耳で感じ取れって。それでこれはイケると思ったから常用して必殺技になった。当時ってコロナ禍と同じくらいシーンとしてたんだよ、会場は。そのなかでムーンサルトを出したらわかりやすく沸いた。客に喜ばれてる実感があったから使っていって、自分の技にしたんだよ。

――使っていくことでモノにしたのですね。

新日本若手時代のムーサルト・プレス

武藤　たとえばフラッシングエルボーなんてなぜ使ったのか記憶にないよ。エルボードロップは前からやってたと思うけど。最初のころはいろんな形でやってて、いつの間にかいまの形で定着したんだろうな。

――フィニッシュでいうとムーンサルトの次は足4の字固めです。あれは（95年10・9の）高田戦からですよね。

武藤　だって天下の高田延彦と東京ドームでやって、あれだけ多くのファンに見られた試合はないわけだから。ドラゴンスクリューから足4の字、そのパックの説得力を作ったわけだから、それはモノにしないともったいない。そこで説得力がひとつ作られて、そうなると試合構成もできてくる。この前の清宮戦（2022年7・16日本武道館）だってドラゴンスクリューストーリーだからね。清宮が防いで防いで、こっちは逆回転したり。あんな美しいストーリーないだろ。

――それまで清宮選手が武藤選手を研究してきた時間も伏線になってましたよね。

武藤　そうだよ。ドラマが自然にできてた。負けた試合だけど満足はしてますよ。

技　後編

『週刊プロレス』2022年9月7日号掲載

キャリア3大フィニッシュ以前、テキサス時代の必殺技の思い出 つくづく「金のとれる技を作るっていうのは大変だよ」

プロレスについて独特の哲学をもつ武藤はプロレス技についても美学がある。ムーンサルト・プレスやドラゴンスクリューを使う選手は数多かれど、いまでも自分が一番の使い手との自負もある。

シャイニング・ウィザードは偶然生まれた

――ムーンサルト・プレス、足4の字固めの次のフィニッシュホールドは…。

武藤　シャイニング・ウィザードだよ。太陽ケア戦、全日本の東京ドーム（01年1・28）。ドラゴンスクリューやったあと、アイツがなかなか立ってこないからイラついてヒザかましたのが最初。そのときもムーンサルトと同じでお客がウォーってきたんだよ。それで「これイケる」って思ってね。

――あの頃はスキンヘッドになって、新しいスタイルを模索し始めたときですよね。

武藤　それは偶然。坊主になったからやったんじゃなくて。でも俺には裏必殺技もある。それがフランケンシュタイナー。これも大事に使ってる。ここぞというときに出すとファンの記憶に残るんだよ。

――それが2021年の潮崎戦のフィニッシュでした（2・12武道館）。

武藤　水戸黄門の印籠みたいな技も必要だけど、隠し必殺技も必要。

――武藤選手の技って選手がマネしたくなりますよね。

武藤　マネする選手はいっぱいいるけど、誰よりも俺がうまいと思ってるよ。ムーンサルトにしたって、飛べなくなったってまだ俺が綺麗にできる。ただ、4の字もドラゴンスクリューももともとあった技。俺が初めて出したわけじゃない。だけどドラゴンスクリューから足4の字というパックを代名詞にしたのは俺だし、ドラゴンスクリューをここまで持ち上げたのも俺。綺麗さ、華麗さ、速さも誰にも負けてない気はするよ。

――否定はしませんけど、元祖の藤波選手をも超えたと…。

武藤　（無視して）だから清宮にアドバイスしたけど、アイツがモノにするならやり尽くすしかない。やり尽くせばもしかしたら違った形が生まれるかもしれない。

――ちゃんと継承したのは清宮選手が初めてです。

武藤　そうか。まあ、ここまでは日本で定着した技の話をしてるけど、アメリカでやってたときはムタだって最初は首4の字で勝ったり、鎌固めで勝ったりしたから。鎌固めなんて当時アメリカ人はほとんど見たことなかったんだよ。

――なるほど。

武藤　そういうシンプルな説得力だけで勝ったりもしてたよ。テキサスにいるときはストーリー的にフォン・エリックの親父が日本に来て、俺の親父を鉄の爪で破った。そのリベンジで俺が来てるって話だったから、俺が使ってたのはアイアンクローだ。親父が負けた技を息子の俺が磨いて使うって。

2001年からシャイニング・ウィザードが必殺技として定着

エリックの子供はみんな手がデカいから説得力があるんだけどさ。親父もすごい説得力あったと思うけど、俺が使うのは難しかったよ。

――武藤選手の美学とはちょっと違う技ですしね。

武藤 俺は技の美しさにこだわりがあるけど、猪木さんの卍固めなんて形も綺麗だし、首の筋とか表情、あれが美しい。それに比べてアイアンクローは難しい（苦笑）。

実戦で使う、失敗する。その繰り返し

――シャイニングには武藤選手らしい美しさがあります。だからファンもマネしたくなるのでしょう。

武藤 そう？　そういやＹｏｕＴｕｂｅとかツイッターで、子供がやってるのよく見たりするな。

――ちびっ子もマネしたくなるんだから、正当継承者の清宮選手はドンドン使っていくべきですよね。

武藤 使うしかない、揶揄されても失敗しても。ドラゴンスクリューだって、俺、失敗することいっぱいあるよ。回転したら相手のケツが顔にバーンってきたりさ（笑）。ムーンサルトだって自分のヒザの方が痛かったり（苦笑）。

――真の継承者になるためには失敗も必要だと。

武藤 俺は23年の春以降はいないんだから、俺の記憶はどんどん薄れていく。清宮だっていまどうって問題じゃなくて、将来的にどう自分の技に作り上げるか。それには実戦で使う、失敗する、その繰り返し。そうやって説得力をどう作り上げるかは清宮次第だよ。

――清宮選手に必殺技を伝授したいま、武藤選手は引退までに新しい技は作らないのですか？

武藤 いまさら作らないよ（笑）。

――さすがに引退試合でムーンサルトをもう一度やらないですか？

武藤　うん？　やったら怒られるよな、きっと（笑）。

――2021年のサイバーファイトフェスティバルで使って、主治医の先生にえらく怒られたんですよね？

武藤　（使ったら）また怒られるよな。

――でも、もう最後ですよ。

武藤　引退試合で骨折れたなんて笑い者だろ。最後に車イスで終わったなんて。

――なんのために引退するんだって話ですよね。今後の人生が車イス生活になってしまったら…。

武藤　だけど藤波さんのドラゴン・スープレックスとドラゴンロケットは〝やるやる詐欺〟だよな。

――いや…いまは武藤選手のムーンサルトの話をしてるんです！

武藤　金のとれる技を作るっていうのは大変だよ。プロレスラーはこれって技を作るのが。棚橋だっていい年こいてまだフィニッシュはジャンプしてプレスなの？　あれ自分のヒザ痛えんじゃないの？

ユニットで見せるべきは団結力。そこには愛もあれば憎しみもある。プロレスが「スポーツエンターテインメント」と言われる所以かもしれない

『週刊プロレス』2022年9月21日号掲載

現在のプロレス界の主流となっているユニット抗争だが、キャリア35年以上の武藤のユニット所属期間は実は多くない。それでも新日本所属時代に最初に入ったユニットであるnWoはインパクト絶大で、いまだに語り継がれている――。

プロレスは自分のことだけ考えてたら成り立たない

――いまの日本プロレス界はユニット抗争が中心となっています。

武藤　いろんなスポーツがあるけどさ、格闘技でタッグマッチとかあるのはプロレスだけだからね。

――ボクシング、相撲、柔道…基本すべて1対1です。

武藤　でもプロレスは2対2だけじゃなく3対3とかも必然的に生まれて。そのなかで仲のいい同士がくっついたり、半ば強制的に組まされたりもあるかもしれないけど。なぜユニット抗争かというと、とくに日本のプロレスは登場人物がそう多くいないから。ユニットで集合体ができて、それが続けばオマエは負けたから去れとか、裏切りとか、登場人物が新陳代謝しないなかでも流れが生まれるんだ

よ。

――ユニットがあることで限られた登場人物でも回っていくと。

武藤　手っ取り早いよな、それが。おもしろいものでアメリカは日本と反対。日本はシングルマッチに重きを置くだろ。アメリカはシングルのあと仲間が助けに来たり、そこから2対2や3対3になったりする。それがシングルマッチより盛り上がったりするから。

――日本はシングルの前哨戦的にタッグマッチを組みますよね。

武藤　あとユニットで見せるべきは団結力だったり。そこには愛もあれば憎しみもあったりする。プロレスはそういうものを取り込める唯一のスポーツだから。そこがスポーツエンターテインメントと言われる所以かもしれない。

――武藤選手が最初に入ったユニットはｎＷｏですよね。

武藤　ずっと忘れてたんだけど、ｎＷｏに入ったのはグレート・ムタが先か武藤敬司が先か、わかんなくなっちまったよ（笑）。

――ムタが先ですよ。

武藤　そう。ムタは入るけど武藤はベビーフェースだから簡単には入らない。そういう表現もあったけど、結局は武藤敬司も入った。そうやって転がしていくのはおもしろいよな。

――同期の蝶野正洋選手から誘われて入りましたが、2人が反体制ユニットで並び立つインパクトは大きかったです。

武藤　もっと前を振り返れば維新軍とか、もしかしたらＵＷＦっていうのもユニットだろ。

――そう考えると日本プロレス界でユニット抗争の歴史は長いです。

武藤　それをしていかなかったらダメだよな。プロレスは自分のことだけ考えてたら成り立たないから。それにプロレスは試合数も普通のスポーツと比べてはるかに多い。そのなかでユニットに入らず、ずっとシングルプレーヤーっていうのも大変。あとはやっぱりユニットは組織ってこと。その部分で社会の縮図だから、プロレスって。いろんな表現もしやすいと思うよ。

nWoでプロレス界にグッズ産業という概念が生まれた

――ユニットはリーダーがいるし、たしかに社会の縮図です。

武藤　だけど俺は永遠に続いてるユニットって見たことないな。

――ユニットは基本長続きしないですかね。最近は全日本でブードゥ・マーダーズが復活しましたが。

武藤　リバイバルをもってくるのもいいけど、ユニットとなったら新たなキャラクターを作らなきゃいけない。そしたら今度はTシャツとかグッズも作れる。そうやって二次効果を狙ってるわけだから。

――そのシステムもnWoが定着させた感じはありますよね。Tシャツがバカ売れしたことで。

武藤　Tシャツもそうだし、nWoでプロレス界にグッズ産業っていう概念が生まれたよ。そっちに会社も力を入れるようになって。

――nWoTシャツは一大ヒット商品になりました。

武藤　小島が一員だったなんてアメリカのnWo本体は知らない。ただ俺はこのキャリアでユニットで活動してるのは意外と少なくて、nWoとBATTしかない。本隊という大きな括りにいることが多かったからユニットは組めないというか。あっ…M'sアライアンスがあった。忘れてた（笑）。

――最近のを忘れてましたね…。

人気ユニット「nWo」に入ったのは武藤よりもムタが先だった。顔にもnWoのペイントが

武藤　（苦笑）。ＢＡＴＴとＭ'sは似てるよ。団体の枠を越えた選手で結成された部分で。ＢＡＴＴはあえて団体が違う選手を集めたけど、あのＴシャツも意外と売れた。だけど俺が全日本に行っちゃって、Ｔシャツのロイヤリティーが結構あって選手の団体が違うから分配が難しい。みんなに了承とって、いいことに貢献しようと。それで馳浩議員を通して盲導犬を育てるのに使ってもらったんだよ。

——ＢＡＴＴにはドン・フライ選手も入ってましたよね。

武藤　ＢＡＴＴって名前は当時の新日本の広報がつけたけど、英語の意味としてメチャクチャ。ドン・フライに聞いたら英語になってないと。で、フライが考えた「Ｂａｄ　Ａｓｓ　Ｔｒａｎｓｌａｔｅ　Ｔｒａｄｉｎｇ」になった。「垣根を越えた悪ガキども」って意味。

——そもそも敵対するＴＥＡＭ２０００にいたフライ選手がなぜＢＡＴＴに入ったんでしたっけ？

武藤　ドンがなんで入ったかなんて覚えてねえよ（笑）

ユニット 後編

ユニット抗争が主体となった理由は「個人対個人より組織対組織のほうがおもしろい」から。プロレスのユニットは「渡る世間は鬼ばかり」をやってる説

『週刊プロレス』2022年10月5日号掲載

ユニット所属歴はさほど多くない武藤だが、長年プロレス界にいるだけに〝なぜユニット抗争が盛り上がるのか？〟の問いに対する自分なりの答えは出ている。それはどんなジャンルも人数が多いほうがおもしろいという持論にもつながっていた。

BATTのメンバーって誰がいたっけ？

——振り返ると団体が違う選手で結成していたBATTはおもしろいユニットでしたね。武藤選手のほかは太陽ケア選手、新崎人生選手、馳浩選手たちがいて…。

武藤　大谷（晋二郎）っていたっけ？

——大谷選手は厳密には違います。BATTって名前がつく直前の1シリーズだけ武藤選手と組んでましたが、そのあとすぐZERO－ONEに行きました。

武藤　だよな。アイツ、BATTじゃないよな？　俺、大谷がBATTにいた印象なかったんだよ。だけどマスターズでやるときになったら、「大谷もいた」ってみんなが言うからさ。大谷は俺と組む

以前に橋本（真也）と組んじゃって、心の中でつながってたんだよ。

――リングでは武藤選手と組んでましたけど…。

武藤 それは表面的なことじゃん。心の中ではZERO－ONEって決めてたんだから、心ここにあらずだったんじゃないの。

――そうですかね。

武藤 そうだよ。でもBATTって意外と新日本で活動してるの短いよね？

――はい。1年もしてないです。武藤選手が全日本に移籍したから。その前の01年のほとんどは新日本で活動してますが。

武藤 じゃあ、大谷はいねえよな。

――そこ、こだわりますね。大谷選手は01年2月にZERO－ONEに行ってます。新日本で2月にBATTが始動して、蝶野選手のTEAM2000と抗争して、当初は試合のたびにBATTのメンバーが増えてました。

武藤 その流れってまさにユニット対抗戦の醍醐味っていうか。

――後半は西村修選手や獣神サンダー・ライガー選手も…。

武藤 えっ、西村は無我だろ？

――BATTのサポートメンバーになってました。メンバーが他団体選手ばかりだといろいろキツかったんじゃないですか。

武藤 （苦笑）。だけどユニットから本気になって、（団体旗揚げとか自主興行とか）いろんなことやったグループいっぱいあるよな。長州さんのジャパン（・プロレス）がそうだ。藤波さんと西村の無我だってそうだ。

俺が見てきたなかで過去最高のユニットはnWo

――でも武藤選手の場合、全日本に行くときBATTのメンバーじゃなくて、敵対するTEAM2000にいた小島選手とともに全日本に移りましたよね…。

武藤　それは仕方ない（苦笑）。それだけ日本のプロレス界って登場人物を使い捨てにしない業界なんだよ。最近、K－1の武尊と対談したけど、聞いたら（2022年の）天心との試合だけじゃなくて負けたら引退って心に決めてたんだって。で、ドームで天心に負けた。けどそのあとファンからの熱い声援がきたって。

――ファンは温かいですね。

武藤　でもさ、「プロレス界は週プロなんて負けたヤツの記事をデカくするんだから」って言っといたよ（笑）。

――そうとも限らないですけど…。それ、なんの話ですか?

武藤　だからK－1はプロレスと違って使い捨ての世界ってこと。大変だよ。それに比べてプロレスは新陳代謝が悪い世界だから。

――負けた選手も引き立たせるというか支持がある。

武藤　だけど俺が見てきたなかで過去最高のユニットはnWoだ。ハルク・ホーガン筆頭に組織がデカい。日本とアメリカ股にかけて、nWoが活躍していた時代だけはWCWはWWEに勝ってたんだから、あの一瞬だけは。逆に印象に残らずすぐ終わったユニットもあるだろ?　なにがある?

――答えにくいです、その質問。

武藤　なんとかアウトローは？

――ブロンド・アウトローズ（後藤達俊、ヒロ斉藤、保永昇男らのヒールユニット）ですか。あれはレイジング・スタッフに衣替えして結構続きました。

武藤　でも残ってるユニットってそんなにないよ。全日本とかってそんなにないだろ？

――たしかに比べて考えると、新日本のほうがユニット抗争の歴史はありますね。

武藤　新日本は外国人に色づけするために、ユニットに入れたりしてたよな。ひとつ言えるのは人材を多く抱えてないとユニットは大変だと思う、カードを組む側は。ユニットが固定され過ぎると毎回同じようなカードにしかならないから。新日本はまだ人数いるからいいけど、ほかは厳しいよ。

――今後も日本のプロレス界はユニット抗争が続きますかね？

武藤　でもさ、ｎＷｏってちょっとした時の人と絡んでた。プロ野球の三浦大輔とか、競輪の選手だったり。外に外にって、そのへんの仕掛けは蝶野がやってたよ。

――しかもアメリカと同時進行のユニットって規模が大きいです。

武藤　結論いったら組織対組織のほうがおもしろいんだよ、個人対個人より。ヤンキー個人の喧嘩より暴走族対暴走族のほうがおもしろいだろ（笑）。

――なんにせよ抗争は人数が多いほうがおもしろいと。

武藤　俺たちはユニットで「渡る世間は鬼ばかり」をやってるんだから。誰が入るだ、抜けるだって。

――抗争以前にユニット内だけでもドラマがあると。

武藤　そうそう。家庭内ストーリーがあるんだよ。

全日本プロレス 前編

『週刊プロレス』２０２２年10月19日号掲載

若手時代、全日本を見て「こっちのプロレスのほうが向いてるんじゃないの？」馬場さんが亡くなって「大きなうねり」に巻き込まれつつ、将来設計も考えて移籍

新日本でプロレスラーとしてデビューし、NOAHでそのキャリアを終えることになる武藤だが、その間にもう1団体大きく関わってきた団体があるのは周知の事実。02年から13年に在籍し、社長を務めた時期もある全日本プロレス時代を振り返る。

俺が若手のころは全日本は遠い世界だった

――武藤選手が一時期、社長を務めていた全日本プロレスが２０２２年10月で旗揚げ50周年です。

武藤　50年の歴史のうちの10年は俺は知ってるわけで。

――それ以前、武藤選手が若手のころは全日本をどう見てました？

武藤　やっぱり馬場さん。あとは鶴田さんのイメージがあるな。プラス、アメリカのレスラーたちか。

――当時の新日本と全日本は交流がなくて敵対関係でしたよね。

武藤　だけどいまみたいに意識もいかないよ。当時は年間２００以上試合してるから、日々に追われて自分たちのことで必死。テレビを見る余裕もなければ、ヨソを気にする余裕もなかった。だから遠

い世界だったよ。

――プロレス大賞のパーティーなどで会う程度？

武藤　にしても予備知識がそこまであるわけじゃないから。自分が少しずつ新日本のなかで這い上がることによって、マスコミも三沢、小橋とかと比較するようになって、初めて少しずつ意識し出したよ。

――トップレスラーになってからの話ですね。

武藤　それまではパーティーとか行くと2～3度くらいかな、鶴田さんは意識してくれて。やっぱり同県人だから。俺が山梨出身ってことを知ってくれてて、話しかけてくれた気がするよ。他愛のない話だけど同県人の結びつきは強い（笑）。俺もメディアでは言わないけど、鷹木（信悟）とか金丸（義信）とか意識してるよ。「山梨出身頑張ってるな」って。

――全日本の話に戻りましょう。

武藤　これは俺が覚えている話じゃないんだけど、俺が新弟子でまだ若かったころ、船木から聞いた話だけど、新日本の道場で全日本の中継を見てて、ボソッと「もしかしたら俺、こっちのプロレスのほうが向いてるんじゃないの？」って言ってたらしい（笑）。

――向いてるどころか将来的には全日本の社長になりました。

武藤　新日本と全日本もなんとなくロシアとアメリカみたいなもので、少しずつ距離が縮まって。

――全日本は00年に三沢さんたちが大量離脱して窮地に陥ったことで、新日本と接近しました。

武藤　でも猪木さんと馬場さんはともかく、坂口さんと馬場さんはいい感じの先輩後輩関係だった。（90年2月の）東京ドームでグレート・ムタvsリック・フレアーができなくなったら急きょ全日本の選手が出たり。馬場さんはお願いされたら断らないっていうか、寛大なひとってことは坂口さんもよく心得てたから。深い部分ではつながってたのかもしれないし。

――なるほど。

全日本で心置きなくプロレスを堪能できた

武藤　全日本プロレスが大きく変わってきたのは、馬場さんが亡くなられたあとだよ。

――あれで日本プロレス界全体のパワーバランスが崩れました。

武藤　あそこで新日本と全日本の拮抗していた部分が崩れた。そこからだよ、いろいろうねってきたのは。俺も巻き込まれて（笑）。

――巻き込まれたどころか中心人物ですよね、うねりの。

武藤　だけど俺も望んで行ったことだし。いまさら後悔もないよ。

――全日本所属になる1年前の01年は新日本所属として全日本のリングで大活躍してました。6冠王になったりして。

武藤　あのときはレスラー冥利に尽きる。かたや新日本はいつ格闘技路線に出されるかわからない状態で、全日本に行ったら心置きなくプロレスを堪能できたんだから。しかもファンも熱い声援をくれて非常に心地よかった。逆に新日本に戻ると「あぁ…」って（苦笑）。

――居場所の逆転現象というか…。

武藤　その延長で全日本に行ったんだから。

――「プロレスやりてえよ」って気持ちで全日本に移籍した？

武藤　そうそう。

――もともと一国一城の主になりたい気持ちはあったのですか？

武藤　あった。40歳くらいがメドだと。肉体的にもプロレスラーとしては。そこからあとを考えなきゃいけない分岐点がそのくらい。プロレスやめたらどうしようかって。柔道整復師の免許もってるから接骨院でもやろうかとか。でも同級生は20代からやってて、40歳から始めたら20年の差は埋められない。じゃあ、どうしたら生きていけるか。体が動かなくなってもプロレスの世界に携わってたら生きていけると思って、全日本プロレスに行ったんであって。

――将来設計も考えての移籍だったのですね。

武藤　夢求めて一国一城の主に…って気持ちだったんだよ、最初は。

――全日本という名前に抵抗とかありませんでした？

武藤　ないない。なんだかんだ全日本プロレスの看板はデカくて。のちに営業マンとかに聞くと、NOAHの看板だとまだ「なにそれ？」って時代。世間にチケット売りにいけば全然知名度の差はあった。WRESTLE－1もそうだ。それに比べて全日本っていう老舗のネームバリューはデカかった。それは長所。逆に短所にもなったけどさ。「全日本らしさがない」とか言われたり。「武藤敬司がやってることは全日本プロレスじゃない」とか（苦笑）。

馬場が亡くなり、三沢らが去った王道マットで、独自カラーの「武藤全日本」を作り上げた（写真は2005年8・21後楽園ホール、曙とともに）

全日本プロレス 後編

武藤全日本で実践した企画は武藤に流れる「猪木イズム」から生まれた武藤全日本を感じさせない現全日本には「それはそれでいい」と達観

『週刊プロレス』2022年11月2日号掲載

全日本50年の歴史の中で武藤は02年から約11年間、長として団体をけん引した。現在各団体で活躍する武藤チルドレンの存在は、その全日本在籍時代があればこそ。武藤はその時代も決してムダではなかったと振り返る。

俺は猪木イズムを受け継いでるよ

――武藤選手が全日本に移った当初は「全日本らしくない」という声との闘いもあったようですね。

武藤　あったよ。日本テレビはNOAHについたし、どうやって世間に訴えていくか…方法論がない。

――ない中でどうしました？

武藤　プロレスの応用編だよ。その応用編にむかしの関係者は「そんなの全日本じゃない」って揶揄した。だけどそこで生まれたものがいろんな世界とのコラボ興行だったり。プロレスは狭いってことをむかしのひとは知らない。（ファッションブランドの）APEとコラボすることで向こう側にも知ってもらった。いろんな方法論使ったよ。プロレスの応用編、いろいろやったけどおもしろかった。

――それまでの全日本ではあり得ない企画をやってましたよね。

武藤　昔から新日本はいろんなことやるじゃん。全日本はやっぱり馬場さんなんだよ。力道山の継承は馬場さんがしてて、馬場さんだからこそアメリカでもNWAとかちゃんとした組織と提携してビジネスできた。だけど猪木さんは違う。保守本流は馬場さんだけど、猪木さんは反骨精神で這い上がった。発想というか、その猪木イズムは受け継いでるよ、自分の中で。

――その猪木イズムを社長として全日本で生かした？

武藤　うん。最終的には猪木さんの背中見てるんだな、なんて思いながらこんにちまで生きてるよ。

――新日本は脱猪木をして組織として成功しましたよね。

武藤　わかんない。俺の中では止まってるわけだから、20数年前から。猪木新日本プロレスしかイメージないけどね、俺は。

――では、いまの全日本に武藤イズムはあると思いますか？

武藤　WRESTLE-1の連中もいっぱい流れてるからな。諏訪魔だって武藤全日本だし。ジェイク（・リー）だってそうだ。

――いまの全日本にも結構いますね、武藤選手と縁のある選手が。ちなみに全日本50周年日本武道館大会（22年9月18日）を解説として見て何か感じました？

武藤　知らないヤツもいっぱいいた（笑）。ひとつ言えるのはデカいヤツが多い。どういうわけかデカいヤツが集まる習性があるよな、昔から全日本は。

――かつて自分が率いていた団体としての感慨はなかったですか？

武藤　俺もやめていった人間だから、そんな感慨深いものはないよ。後ろ向きになりたくないっていていうか、過去を振り返りたくないし。

――引退が決まっても常に未来を見ていたい？

武藤　やめてからどうなるかわかんないけど、いまは現役だから。どうしてもレスラーとして比較対象で見たりする。現役である以上、そういう見方をするのは必要だよ。

俺がバトンを引き継がなかったら全日本はなくなってた

――なるほど。話は変わりますが、いまの全日本を見てると武藤全日本時代がなかったことのようになってると感じませんか？

武藤　それはそれでいいよ、べつに。ただ、俺は全日本で大将の立場になったからこそ、いろんな選手を生み出した部分もある。いまどこにいってもはびこってるわけだ。俺の遺伝子が。

――武藤チルドレンですね。

武藤　それは俺が全日本に行ったからこそ生まれたもの。新日本にいたままならなかったからね。いちレスラーのままだったら、そんなことする必要ねえんだから。

――武藤チルドレンがいると引退後も武藤選手の影をプロレス界に残してくれるというか…。

武藤　だから少し消えづらいかもしれないな、ほかのレスラーより俺という名前は。でも猪木さんの名前だってだんだん消えていくだろうから、こればっかりは時の流れには勝てないけどさ。俺も40歳でひと区切りなんて考えてたのが、もう60だからね（笑）。

――全日本で活躍したころは40代でした。

武藤　そうだよ。俺は全日本に行ったからここまでできてる。これがずっとひとに使われる身だった

武藤は全日本社長として2002年から11年間奮闘（写真は2008年5・11後楽園ホール。
IWGPヘビー級王者として、三冠ヘビー級王者・諏訪魔と競演）

ら、音を上げてとっくにサヨナラしてたかもしれない（笑）。ただ（武藤チルドレンは）みんなタフだ。俺が最初にギブアップして音を上げてやめていくよ（笑）。

——それはキャリア、年齢からしても仕方ないかと。全日本もまだ生き残ってますしね。

武藤　でも俺がバトンを引き継がなかったら全日本プロレスはなくなってたよ。もしかしたら新日本の傘下になって、ひとつのユニットで残ってたかもしれないけど。

——だとしたら武藤選手は日本プロレス史にとって重要なことをしたことになりますね。

武藤　日本は小さな島国だけど、どんな小さな社会でも競争相手はいたほうがいいよ。全日本が頑張って生き残ればレスラーたちの行く場所もあるし。切磋琢磨してみんなプロレス界のために頑張っていけば。

——武藤選手は引退後もプロレス界にいたいですか？

武藤　まだ考えてないよ。俺、各団体とそこそこ隔たりがないから週プロの記者になろうかな（笑）。

——編集長じゃなくて記者に⁉

武藤　俺、記事書けねえや。（そばにいたマネジャーに）オマエ、書けよ。

トレーニング 前編

『週刊プロレス』2022年11月16日号掲載

若手時代、ウエートトレーニングの影響を受けた選手はライガーとルガー キャリアを積み「非合理的なトレーニングにいつからかキレた」理由を振り返る

キャリアを重ねるとトレーニングから足が遠のく選手も多いなか、武藤は大ベテランの域に達してからもトレーニング好きのイメージが強いし、実際にトレーニングを続けている。そんな武藤にあらためて〝トレーニング論〟を聞いた。

新日本入門当初は非科学的な練習をメチャクチャさせられた

——武藤選手は引退を控えたいまも定期的にジムでトレーニングをしてますよね。

武藤　週1回ジムを使うけど、今日はNOAHの選手がいたな。新日本の選手ともよく会うよ。ただ、トレーニングって昭和と平成と令和のいまみんな違うよ。

——時代によって変わりますよね。

武藤　おそらくプロレスって昔もいまも試合で使う技のトレーニングはあんまりしない。スパーリングとかはするけど、それはまた本番のプロレスとは少し違うから。

——基礎的なことが中心？

武藤　俺たちが入門したころって、まだメチャクチャ非科学的な練習をさせられてた。朝いきなりスクワット500回やれとか。で、夜にもまた500回とか（苦笑）。当時の新日本プロレスは少しウエートトレーニングもしてたけどね。近代的な器具じゃなかったし、やっぱり自重を中心とした練習がメインだったよ。

——当時はまだ根性論的な部分も残っていて、練習中に水を飲むのは禁止されていたのでは？

武藤　そうそう。新日本の道場は等々力不動尊が近くて階段があるんだよ。それを行ったり来たりする競争で負け残りさせられた。帰りに水飲み場があるんだけど、そこで飲んだら怒られたからな（笑）。

——誰に怒られました？

武藤　先輩の新倉（史祐）さんに怒られた。だけど最初の1カ月くらいだけだよ、すごい厳しいのは。

——しごき的な練習は最初だけ？

武藤　ただの根性試しというかさ。

——本気でプロレスラーになる覚悟があるか試されていた？

武藤　根性を鍛えてたのかなって、いまは思う。当時は必死に頑張るだけだけど。俺のひとつ上には（獣神サンダー・）ライガーがいてさ。年は俺が上だけど。ライガーは身長が低い分、筋力で体を大きくしようとしてたから、ウエートトレーニングの知識がすごい詳しかった。だからライガーの見様見真似でやったり。巡業中はまずホテルに入って午後4時くらいからそれぞれタクシーで会場に行くんだけど。俺はライガーと3時半くらいに入って、ウエートトレーニングやってたよ。

——先輩たちより先に入ってた？

武藤　そうしないとウエートトレーニングできなかったんだよ、合同練習があって。合同はウエートやらないから。だから自分たちで時間を早めるしかなかった。よくライガーと一緒にやってましたよ。

肉体を鍛えるのはトレーニング、技を覚えるのは試合

――マジメな若手じゃないですか。

武藤 そうだよ（笑）。もともとマッチョ系が好きだったから、俺は。でだ、最初の海外遠征はタンパ。当時、（ヒロ・）マツダさんのボーイでレックス・ルガーっていい体してるヤツがいてさ。プロレスの練習一緒にやったんだけど、俺が教えられることは教えたりした。彼はウエートトレーニングはプロ並みだから、その影響は受けてたね。

――その時代、ウエートの知識はアメリカの選手のほうが日本より豊富でしたか？

武藤 当時のアメリカの選手は大型ばっかりだから。アメリカって当時から俺が借りたアパートの近くにジムいっぱいあったよ。ニューヨークはワンブロックにひとつはあった。でもまだそのころ栄養学はそこまで浸透してなかった。練習さえしておけばいいって感覚。俺も若かったし、そこまでの知識はなかったな。それを知るのはまだ先。グリコの桑原（弘樹）さんと出会ってからだから。

――むかしは練習は道場でするものという意識も強かったですよね。

武藤 なんで道場のイメージが強いのか俺はわからないけど。ようは自重でやるトレーニングって、見映えのする筋肉じゃないじゃん。持久筋っていってマラソン選手が必要な筋肉を鍛えてる。速筋と遅筋ってあるんだけど、俺らは見た目を気にするというか速筋は瞬発系の筋肉。技かけるときも瞬発力は重要じゃん。どうしてもスクワット1000回ってイメージは俺の中ではなくて。途中からヒザも壊れてできなかったけど。だから非合理的なトレーニングにはいつからかキレたね（笑）。

――気持ち的にキレたと。そこから自分流の練習法をみつけた？

武藤　練習っていま言ってるのは全部筋トレの話だから。肉体トレーニングであって、技を覚えるのは試合だ。プロレスは試合数多いからさ。アメリカ行って思うのはアメリカ人って見かけデカいヤツはいっぱいいいる。だけど体をデカくしてからプロレス覚えるより、覚えてからデカくしたほうがプロレスラーとしての機能はよさそうな感じがするよ。デカくしてから覚えてもぎこちなさ感じるし。

――日本の順番が効率的ですね。

武藤　うん。しかもアメリカにはステロイドっていうのも浸透してる。あれはいいイメージじゃないよな。俺も00年代から武藤塾で培ってきたレーニング法をみなさんに提供する場を作ってやっていた。半分以上は（グリコの）桑原さんがやってたけど、その知識は皆様の健康に役立つアドバイスだよ。運動は健康にいいわけだから。そのための場だったけど、アメリカのようなステロイドは不健康になっちまうからな。

トレーニング 後編

『週刊プロレス』2022年11月30日号掲載

「カール・ゴッチが来てるときは悲惨」だった、若手時代の道場練習の思い出練習法の移り変わりは「必要なものだけ残って必要ないものはなくなった」

新日本時代の合同練習、ちゃんこ番について自身の経験から振り返る。武藤の若手時代と比べて、現在のプロレス界のトレーニングはどう変化したのか？　最後には引退後もトレーニングを続けるつもりはあるのかを聞いた。

棚橋は最初からトレーニングに詳しかった

——プロレスキャリアとイコールですから、武藤選手のトレーニング歴も相当長いですね。

武藤　自己流だったり、いろんなひとから情報を聞いたりして、自分自身努力もして。かつ失敗したりケガしたりもしてきた。でも付き人にタナ（棚橋弘至）が入ってきたときは最初から詳しかったな。

——新日本入門前から独学で知識を仕入れていたようです。

武藤　すごい合理的だったよ。最初から栄養学にも詳しかったし。タナの時代くらいからはそうなんだろうな。俺らは最初は試行錯誤した。ただ、全日本に行ったときに最初に改革したのは道場だから。機材も自分で選んで、自分で入れた、俺が使いたいから（笑）。いま新日本もいい器具入れてるんでしょ？　すごくいいジムなんだろ？

――最近はどうなんでしょう？

武藤　俺らが入門したときプロレスは相撲のしきたりから来てるから、朝10時くらいから練習するんだよ。しかも朝飯も食わないで。

――体によくなさそうですね。

武藤　ハードな練習だよ。カール・ゴッチが来てるときなんて悲惨。午前10時から練習して、終わってもゴッチは話が大好きだから俺らちゃんこ番して、ずっと立って待ってなきゃいけない。一食目にありつけるのが夕方の4時とか5時だよ。

――確実に体によくないですね。

武藤　ちゃんこはいいよ。栄養価もいいし、バランスもいい。だけど朝飯食わないで練習っていう相撲界の感覚はすごくイヤだったな。

――プロレスの練習も相撲からきてるから、同じ釜の飯を食べるのが基本だったのですかね？

武藤　いま、それもうないんじゃないの？　NOAHやってんの？　ちゃんこ作ったり。

――やってると思いますよ。

武藤　当時はちゃんこ番っていうのがあって、初めてそこで料理を少し覚えたり。包丁をうまく使えるようにはならないけど、そういうこともできないと海外行っても一人で大変だと思うよ。

――若手時代の寮生活もすべて意味があるんですね。いまも主要団体は合同練習をやってますかね？

武藤　やってるよ、どこも。WRESTLE-1もやってたし、NOAHもやってる。そこで協調性も身につけないといけないし。全日本のときもやってたよ。新日本は長州さんが現場監督のときは常にそことやりとりしてた。合同練習に来ないヤツは査定に響かせると。

——新日本でトップ選手になってからも合同練習に出てました？

武藤　忘れちまったけど、出てた気がするな。ただ、いまのトレーニングは体作りもウエート中心。でも、俺たちの時代の体作りの感覚はとにかくデカく、強く。そこを求めてた。見かけより強さを求めて、より重いものを持ち上げるとか。思想のなかでそっちが強かった気するけど、いまは同じ筋トレでも違う。腹筋が割れてなきゃいけないとか、脂肪がのってたらダメとか。

引退後も筋力強化は必要

——たんに体重を増やせばいいというものでもない？

武藤　むしろ減量になってきてる。俺たちの時代は米を食わされるんだから。もっと食えって強制的に。いまは逆、米食うなって（笑）。それは時代による。いまはそっちが主流。世の中がそっちを求めたらそうするしかないもんな。

——一般社会でもむかしより健康志向は高まってます。

武藤　俺たちのときから炭酸飲料はいろいろあったけど、いまはゼロカロリー。あのときはそんなの飲んだら太るって言われたけど。だから必要なものだけ残って、必要のないものは平成でなくなってきたよな。

——ということはちゃんこは必要だからいまも残ってるのですか？

武藤　経費的にもいいんじゃないの。デビュー前の新弟子なんて金ないから勝手にメシ食えっていっても無理だし。ちゃんこでまとめて食わせたほうが安いんじゃないの。先輩になれば給料も上がるからちゃんこなんて…って言って自腹で食うけどさ。身銭切らないでちゃんこ食ってるほうが安くすむよ。昼飯もっとうまいもの食いたいからギャラもっとよこせって交渉されるより会社もいいよな(笑)。だけど多くのレスラーが道場から逃げたがる。

——トレーニングの話に戻ると武藤選手は引退後も続けますか？

武藤　筋力って健康に生きるために本当に必要なんだよ。俺たちみたいに体がデカいとよけいに。痛いから動かなくなる、動かないと筋力がなくなる、細くなる。その悪循環にならないために少しでもトレーニングで体をいじめる。それは何十年もやってきたから。先輩方を見ても健康に生活してるひとはそういない。皆さん、動けなくなるとよけい不健康になるっていうか。

——動けないとトレーニングもできないですからね。

武藤　だから俺はヒザ痛くてもできるトレーニングをやってたし。いまだって股関節が痛いけどできることを一生懸命やってるよ。

——では健康維持のために引退後もトレーニングは続ける？

武藤　そうですよ。

入場テーマ曲 前編

『週刊プロレス』２０２２年12月14日号掲載

プロレスは五感で伝えるから、「視覚も必要だけど聴覚も絶対重要な役割がある」ただし選手としてのこだわりも強く、「入場だけカッコいいなんて言われても…」

2022年11月17日、国立代々木競技場第一体育館でおこなわれた、プロレスラーの入場テーマ曲ライブ「シンニチイズムミュージックフェス」に武藤も出演。同ライブはプロレスの入場テーマ曲の魅力があらためて感じられる内容だったが、武藤の感想は…。

テーマ曲のない若手時代はそれはそれでよかったよ

——入場曲ライブ（２０２２年11・17代々木）に出演してどうでした?

武藤　俺もフタ開けるまではどんなものになるかわかんなかったからね。ただプロレスっていうのはさ、五感で伝えるわけであって。

——音も重要ですよね。

武藤　視覚も必要だけど聴覚も絶対重要な役割がある。だけど俺が入門したころ若手にテーマ曲なんてなかったから。午後6時半になったらゴング鳴って、第１試合の選手が走ってリングに向かうだけ。

——あれもいまとなってはザ・若手という感じでよかったです。

武藤　若手だからテーマ曲なしで走ってリングへ入って、お客も構えないで見られる。「おっ、始まったな」って感じで自然に見てくれる。あれはあれでよかったよ。

――いつのころからか第1試合から入場テーマ曲が流れ出しました。

武藤　いつだろうな、覚えてない。ただ俺は〝スペース・ローン・ウルフ〟で帰ってきたときから、テーマ曲はあったから早かった。闘魂三銃士でも俺しかなかったんじゃないの？

――武藤選手はそもそも若手時代が短いですから。

武藤　もちろん俺も若手時代はなかったけどな。

――入場テーマ曲によって試合に影響はあるものですか？

武藤　俺の場合はほかのレスラーと比べて特別かもしれない。藤波さんもいくつかあるけど、俺は入場曲がいくつもあって。いまも引退決めてから、自分のテーマ曲の曲名をタイトルにした大会をしてるんだから。

――引退カウントダウンは歴代の入場テーマ曲のタイトルが大会名になってますね。

武藤　いま何試合やったっけ？　覚えてないけどとにかく多いよ。

――武藤選手はそれぞれの入場テーマ曲に合わせた名勝負、作品を残してます。

武藤　そう。だから決して「HOLD　OUT」ばかりじゃないんだよ、俺のファンは。ツイッターとか見ても、「TRIUMPH」聞きたかったとかいろいろ意見あるよ。あと、ほかになんだっけ？　いっぱいある、俺の入場曲は。

――「OUTBREAK」「TRANS　MAGIC」などですね。

武藤　ということはお客も入場曲と俺の試合を一体化させて作品として記憶してるんだよ。

入場テーマ曲のない若手時代。曲なしで入場して自然に試合が始まるのもそれはそれでいいもの（写真は1984年10・19新潟・上越市リージョンプラザ・インドアスタジアム。デビュー直後に第1試合で蝶野と対戦）

——武藤選手は時代時代でフィニッシュもコスチュームも変えて、それぞれインパクトを残してます。

武藤　俺は軽い人間だからいろいろ変えてるけど、長州力とか猪木さんはアレンジこそしたかもしれないけど一曲だったよな。

——入場テーマ曲を変えないこだわりでもあったんですかね？

武藤　その話の延長で入場曲を変えるのは、ある意味それまでのイメージも壊れる可能性があるよな。

——冒険になります。

武藤　だから気合も入るところではあるよ。

盛り上がってない会場で盛り上げていくのがレスラーの器量

——武藤選手は入場テーマを変えるとき、こんな曲がいいとかリクエストするんですか？

武藤　いや。ただ、グレート・ムタはとくに「入場ばかりよくて…」って言われ方もしたからな。入場までおしまい、みたいな（笑）。

——確かにムタは世界観がすごいから入場だけで魅せられますね。

武藤　どちらかといったらレスラーとしての器量を見せるには、盛り上がってない会場で試合を通じてだんだん盛り上げていくのがいいわけじゃん。

——腕の見せ所です。では入場曲が完成されていて、そこで盛り上がりすぎるのも困る？

武藤　そうそう。試合で構築していきたいんだから。最初は「なんだ、これ!?」って見てる客が、最後はウォーって盛り上がるほうがレスラーとしての器量を見せられる。音楽だったり入場テーマ曲は必要だけど、そこは俺がどうこうする問題じゃないじゃん。

――武藤選手はあくまでもリングで勝負する側です。

武藤　そういうのは敵とまでは言わないけどさ…。入場だけカッコいいなんて言われてもなぁ。

――それは入場テーマ曲を作ったひとの手柄？

武藤　そうだよ。ムタの場合は音楽だけじゃなくてコスチュームもそうだし、（入場時の）演出もいろんなのをしてきたからさ。

――クリエーター心をくすぐるんでしょうね、ムタという存在は。

武藤　ＷＷＥは音楽って絶対流すんだよ。必ず入場シーンも全部見せる。その音楽を売るというビジネスも考えてる。

――日本も最近の入場テーマ曲はオリジナルが主体です。

武藤　ただ、この前の入場曲ライブで見たけど、中村あゆみだって鈴木（みのる）が使ってたから…まあ、素晴らしい曲だから生きてきたんだろうけどさ。音楽って消えるものじゃないから。

――武藤選手はやはり「ＨＯＬＤ　ＯＵＴ」のイメージが強いですかね。

武藤　どうなのかなぁ。「ファイナルカウントダウン」は別として、あれが一発目だったから、オリジナルとして。そこから始まりというか最後はまた原点回帰じゃないけど、「ＨＯＬＤ　ＯＵＴ」になったのかなって。

入場テーマ曲 後編

凝った入場第一人者を自認するも、尺八を吹きながらのムタ入場は是か非か!? 引退試合用に鈴木修さんに「HOLD OUT」バラードバージョンを依頼

『週刊プロレス』2022年12月28日号掲載

これまで数々の入場テーマ曲とともに名勝負の記憶を作ってきた武藤だが、ファンの思い入れとは裏腹に自身は入場曲に「こだわりはない」とあっさり。だが清宮海斗や藤田和之の入場曲についての話から、武藤の〝入場曲哲学〟が見えてくる。

キカイダーをやってみたかった

――武藤選手は自身の入場テーマ曲にこだわりは?

武藤　俺はこだわりないよ。

――武藤選手にこだわりはなくても、むしろ見てる側にありますよ。

武藤　だけど本人は覚えてない。どの試合になにが流れたかなんて。やっぱり試合なんだよ。昭和の先輩方も音楽には無頓着だろう。だけど橋本は「こうしてくれ」とかすごく要求していた気がする。蝶野もうるさかった気がするな。

――ある意味タレントと一緒でイメージを売るわけですから。

武藤　俺はやっぱり試合を売るっていうかさ。

――ほかの選手の曲で印象に残ってる曲はあります？

武藤　猪木さんにしても長州さんにしても、みんな飽きたよ（笑）。ただ最近、夏の甲子園を見てると俺の曲が流れたり、プロレスの曲が流れたりする。ああいうところで耳にしたほうが嬉しい。たまにテレビ番組でも流れたり。「これ、俺の曲だ」って。…まあ、俺の曲じゃないけどな（笑）。

――厳密には作ったひとの曲ですね。基本プロレスのテーマ曲はノリのいいのが多いですよね。

武藤　昔からプロレスのテーマ曲はハードロックだから。闘争心につながるというか、みんな盛り上がる。それは定説だよ。そうだ、俺の曲作った鈴木修に引退試合用にバラードにしてもらうか、最後は。「ＨＯＬＤ　ＯＵＴ」をバラードにできねえか？

――できると思いますよ。

武藤　バラードいいよな。テンカウントゴング鳴らしてるとき…いや、花道去ってるときだな。

――早くも引退試合のラストを考え出しましたか。ラストに音楽がはまると記憶にも残りやすいです。

武藤　俺はあんまり共同作業しないけど、そこは共同作業だ。

――曲を作る側、演出側との共同作業になりますね。

武藤　俺が子供時代にテレビでやってた『人造人間キカイダー』（特撮ヒーローもの）って、主人公がギター演奏して登場してた。あれができたらカッコいいなって(笑)。自分でギター弾きながら入場。俺、ギター弾けないからできないけど。

――できるなら自分で演奏して入場してみたかった？

武藤　それも第二次ビジネスへ発展するとか考えたことあるよ。昔で言うなら女子プロレスはクラッシュ・ギャルズが自分で歌って入場テーマにした。あれもひとつのビジネス。男でそういうヤツいたら…。

――男子はそういうのはまだ抵抗もって見られるんですかね？

武藤　そんなことないだろ。棚橋だっていまこんなことやってんじゃん（エアギターのポーズ）。

――あれはエアですし。

入場曲が定着しないのはプロレスに対する迷いが選手本人にもあるから

武藤　ムタが芸達者だったら尺八でも吹きながら登場すればいいよなって思ったり（笑）。

――尺八吹きながら出て来るムタは見たくない気がします…。

武藤　何回かやってれば受け入れられるかもしれないだろ。入場で一番凝ったことしてきたの俺だから、グレート・ムタも含めて。ムタは東京ドームでＳＨＯＷ－ＹＡの生演奏で入場したこともあるし、引田天功のマジックでも入場してるし。

――ムタは確実に入場演出の幅を広げましたよね。

武藤　俺も最初は「ファイナルカウントダウン」って出来上がった曲だった。でもオリジナルの曲で入場できたほうが愛着も湧くよな。

――現在の主要団体の選手はほとんどオリジナル曲です。そういえば清宮選手が最近入場曲を変えたのはどう思います？

武藤　まだ定着してないからいいんだよ。アイツのプロレスの立場を象徴してるじゃん。まだ迷いがあるからだよ。（曲を）作るほうもイメージが定まらない。コスチュームもなんかまだ統一感がない。

入場曲が付いたのは、ヘルメットをかぶって登場する「スペース・ローン・ウルフ」時代。曲は「ファイナルカウントダウン」という既製曲だった（1986年）

いまの時代はあれでいいのかわかんないけど。本人が迷ってるんだよ。だって本人がこうしたいって言えば入場曲だってなんだって、本人の意志は尊重すると思う。俺だってそうやってきたんだから。

――武藤選手も入場テーマ曲は変えてきましたよね。

武藤　「HOLD　OUT」とかほかの曲も含めて、みんな俺のために作ったのかな？

――それはそうでしょう。

武藤　じゃあ作る人は「武藤敬司のオリジナルテーマソング作ってくれ」って頼まれたのか。俺のことをイメージして作ってきたんだな。

――清宮選手はまだそこまで…。

武藤　イメージが湧かないのか。

――いっそ清宮選手にテーマ曲も継承させたらどうですか？

武藤　それぱっかりは鈴木修の許可が必要だろ。俺の曲だけど俺の曲じゃないからさ（笑）。でも清宮は音楽は「スパルタンX」とかのほうがいいんじゃないの（笑）。

――武藤継承なのに入場は三沢さんの曲って迷走感がすごい！　ちなみに猪木さんの曲は藤田選手がオーケストラバージョンで使ってますね。

武藤　藤田の場合は猪木さんに引っ張ってもらったほうがいいのかなぁ。本来ならオリジナルがあったほうがいいよ。だって藤田は藤田じゃん。猪木さんのあの曲が偉大すぎちゃって、あれを使うことで藤田が得するかってそんなに…。

アントニオ猪木

猪木の新日本に不満でライバル・馬場の全日本に行くも「猪木さんの存在がなかったらプロレス界はなかった」とつくづく実感

2022年11月23日号掲載

2022年10月1日にアントニオ猪木さんが死去。武藤は新日本在籍時代に〝闘魂三銃士〟として同期の橋本真也、蝶野正洋とともに活躍。猪木の後継者としての期待通りに新日本のエースとなったが、02年に猪木の方針に反発して新日本を退団。以降は空白の期間が続いた。20年2月に武藤自ら猪木さんにオファーして武藤プロデュース興行「プロレスリング マスターズ」に来場してもらったのが公の場では久々の再会となったが、師弟関係は不変のままだった――。

俺たちは猪木さんに怒られた世代。最後はマスターズで会ったときもまだ怒ってた（笑）

――訃報はどんな形で知りました？

武藤　発表された当日トレーニングジムで気づいたよ、テレビでやってたから。で、すぐにマネジャーから電話あって、その日の夜の番組に出てくれませんか？って。

――猪木さんが亡くなって誰かに番組出演を頼むとなったとき、武藤選手に声がかかるのだからやはり弟子のイメージは強いです。

武藤　逆に驚いてるというか。俺は20年以上前に猪木さんのもとを飛び出してるわけで。マスターズで会うまではまったく空白だから。

――2020年2月28日のマスターズ後楽園大会で、猪木さんの「60周年メモリアルセレモニー」を開催しましたね。

武藤　だから長い空白があるんで、その間のことを聞かれてもなにもわかんないよ。

――では、まず亡くなったと聞いてどんな感情になりました?

武藤　元気なひとが急にポカンと逝ったわけじゃないじゃん。車イス姿だったり、闘病姿がYouTubeで流れていて。弟子からしたらああいうシーンは本当に見たくない。俺からしたら強い猪木さんのイメージだから。俺たちは怒られて、しごかれてきたんだから。不可能かもしれないけど、そのイメージのままずっといてほしかったというか。最後に会ったときもまだ怒ってたからね(笑)。「マスターズ」のときもスゲー怒ってた。

――どんな理由で怒られました?

武藤　「武藤のヤロー、デビュー60周年とか勝手にタイトルつけやがって!」って(苦笑)。

――一時期、猪木さんは武藤選手によい感情をもってないみたいなウワサありましたよね。

武藤　だって俺は(オーナーとして)猪木さんがいらっしゃるころの新日本プロレスの主義主張に不満を持って出たわけだからな。

――02年に猪木オーナーの格闘技路線に反発して全日本に行きました。

武藤　しかも永遠のライバルである馬場さんが作った全日本に行ったからな。

――でも若手のころは猪木さんに目をかけられていた印象もあります。
武藤　仕事の面では好かれてたというかさ。だいたい地方大会は猪木さんの横に俺がいて外国人と試合して、俺がやられて、猪木さんにタッチしたらバーッて延髄（斬り）して、ダーって締めて。気持ちよくやってましたよ。夏の両国2連戦だってそうじゃん。
――87年8月の新日本の大会ですね。長州さんや藤波選手が猪木さんに世代闘争を仕掛けておこなわれた大会に…。
武藤　世代闘争なのになぜか俺は年寄り組に入れられた。（2日目の）メインなんて俺、アントニオ猪木組対藤波＆長州だよ。世代闘争もクソもないだろ（笑）。
――はい。上世代に噛みついた藤波＆長州組がなぜか下世代の武藤選手と闘わされました。
武藤　アクシデントもあったんだけどさ。本当は猪木さんのパートナーはマサ（斎藤）さんだった（来日不能で欠場）。でもそこで俺を起用したのは、俺も猪木さんに見初められてたというか。コイツだったらどうにかしてくれるっていう猪木さんからの期待というかさ。

猪木さんはアメリカンスタイルだけど邪道でもある

――武藤選手を買っていたからこそ、世代闘争を無視してパートナーに起用した？

武藤　だと思う。あとは猪木さんが引退公表して「ファイナルカウントダウン」の一発目の相手がグレート・ムタ（94年5・1福岡ドーム）。ムタとはいえ猪木さんとシングルやってるのは俺の世代では俺しかいねえよ。

――あの試合で猪木さんを上回るインパクトをムタが出したと高評価されました。

武藤　とにかくひとつ言えるのはプライベートで俺は坂口（征二）さんと仲良かったから。そこまではっきりしてたわけじゃないけど、猪木派、坂口派って政治的な派閥は少しあったよ。プライベートでは坂口さんと一緒にいるほうがはるかに長かった。趣味が一緒で麻雀だったり、酒飲んだり。それはそうなるよ。で、坂口さんと木村（健悟）さんが師弟関係。木村さんが（坂口の）付き人やって、その下に俺がいたから巡業行ってメシ食う時は、いつもその3人一緒だったよ。

——猪木派と坂口派で分かれていたと。

武藤　ただ、おもしろいことに新日本でなにか起きたりするとスゲー仲良くなるんだよな、あの2人。急にベタっとなる（笑）。

——では、猪木さんとのリング外の思い出はあまりないですか？

武藤　多少はあるけどね。アメリカにいるとき猪木さんに呼ばれてロスまで行ったし。ビデオの仕事でロスからラスベガスまで俺が運転して、猪木さんが隣に乗って対談したよ。延々と2人でしゃべってた。

——どうでした？

武藤　それは天下のアントニオ猪木だよ。やっぱり坂口さんと話すよりいささか緊張するよ（笑）。あと、猪木さんとタンパにも行ってるな。ヘタしたら海外のほうが多いかもしれない。一緒に行動したのは。

——自分のなかにも猪木イズムはあると思います？

武藤　そんな大それたことは考えてないけど、ひとつ言えるのは保守本流の流れ…力道山から馬場さんっていうのが王道だよ。だけどもし猪木さんの存在がなかったら、日本のプロレス界はなくなって

プロレス界が存続しているのも、自分がプロレスラー人生を全うできたのも、猪木という存在があったからだと武藤は考えている（写真は1986年10・31佐賀・唐津市文化体育館。猪木とタッグ結成）

たんじゃないかなって思う。とくに新日本は誰もが猪木さんにあこがれて入ってきてる。猪木さんの存在がなかったらプロレス界はなかった。

――馬場さんが保守本流だったとしても…。

武藤　そっちのプロレスだけだったらもたなかったと思うよ。

――日本のプロレスは猪木さんから派生してできたものがすごく多いですからね。

武藤　本来プロレスの王道はアメリカだけどな。猪木さんはある意味、邪道。かといって猪木さん自体はアメリカンスタイルだよ。猪木さんだけやってた、アメリカンスタイルを。

――武藤選手自身はどんな影響を受けたと感じますか？

武藤　新日本から全日本に行ったときはテレビがないなかで、猪木さんじゃないけどプロレスの応用編をいっぱいやったよ。いろんなプロレスやりましたよ、応用編のプロレスを。

――それが全日本らしくないと言われたり…。

武藤　批判もいっぱいされたけどやったよ。生きていくために。

――それが猪木イズムだったんですかね。

武藤　唯一俺が猪木さんと違うのは、政治家になりたいとは思わなかったな（笑）。プロレスの枠からそこまで出たいとは思わなかった。猪木さんはプロレスに市民権を…って部分で本当に闘った。でもまだ市民権とれてない気はするけどな。なにが市民権なのかはわからない。ただ世界中にあるからさ、プロレスは。

――市民権は得られてないとしても、知名度はありますよね。プロレスというジャンルは。

猪木さんの背中を見て育つとみんな飛び出す

武藤　とにかく猪木さんがいなかったらなくなってた可能性高いよ、プロレスは。俺だってプロレスがなかったらプロレスラーになれなかったわけで。

――では武藤選手がプロレスラーになれたのも猪木さんのおかげですね。

武藤　ただ、猪木さんのところで育ったヤツって、猪木さんの背中を見て育ってるからみんな飛び出してるよ（笑）。猪木さんが飛び出してるんだから（日本プロレスを飛び出して東京プロレスや新日本プロレスを設立）。

――闘魂三銃士までが直接影響を受けた最後の世代ですかね。

武藤　みんな欲が深いのかなんなのか飛び出したな。社長やってた人間まで飛び出してるからな。

――新日本に残ってるのは坂口さんだけですかね。

武藤　でも坂口さんはパートナーだよ。だから弟子はみんな飛び出した。やっぱりサラリーじゃなかったよ、むかしのレスラーは。猪木さんを見て育って、猪木さんはサラリーという感覚で仕込んでないじゃん。そのかわり猪木さんは飛び出たヤツも戻したけど（笑）。

――そういう弟子も含めて20年のマスターズに集められたのはよかったですよね。

武藤　あのときはOBにたくさん来てもらって、猪木さんにも頭下げてお願いして結果的に来ていただいた。俺らはリング上でビンタ食らったけど、俺は初めてだった。最初で最後のビンタだよ、あれが。で、亡くなられていろんなメディアであのときの写真がすごく使われるんだよな。

――結果論ですがいい師匠孝行ができました。

武藤　あのとき猪木さんはまだリングに立てたからな。俺は怒られるだけ怒られて（笑）。

――いまの武藤選手を怒るひともいないでしょうから貴重な経験でしたね。

武藤　俺さ、猪木さんが引退した年よりかなりオーバーしてるんだよ。猪木さんは55歳、俺は60歳で引退だ。時代とともに俺が猪木さんに教わったことを後輩たちに伝えるとしても…いや、伝えきれないな、やっぱり。

長州力

長州とは「考え方」は真逆だけど、「生き方」は似ているという意外な共通点を発見

2022年11月取材。本書オリジナル

武藤にとって長州は新日本プロレス時代に激しい世代闘争を繰り広げた大先輩だが、最近はバラエティー番組の「名コンビ」として共演することも多い。現役時代の「怖いレスラー&現場監督」というイメージと180度異なる最近の明るい長州を武藤はどう見ているのか?

長州さんは新日本の現場監督時代は全員から嫌われてた（笑）

――最近は長州さんとテレビの仕事が多いですよね。きっかけは覚えていますか?

武藤　わかんねえなぁ…。ああ、『脳ベルSHOW』くらいからだったかな。

――BSフジのクイズ番組ですね。

武藤　あそこで戯れてるところから始まった。その戯れが発展していったんだよ、どんどん。

――あの番組はほかにも多くのレジェンドレスラーが出てましたよね。そこで武藤選手と長州さんの2人の絡みがおもしろくて需要が高まったと。そこからこんな関係になるとは…。

武藤　長州さんだってWJだなんだって組織をもってるときはこんな付き合いできなかっただろうし、俺だってWRESTLE－1をやってるときは無理。そういうときはお互い引き寄せあわないよ。

――それはそうですね。プロレス界でバリバリやってるわけだから。

武藤　だから俺がフリーになってからだよ、こういう付き合いが始まったのは。

――2020年にW－1が活動休止になってからですね。長州さんも2度目の引退（2019年）をされたあと。

武藤　いや、引退するちょい前から仲良くなってるな。だから長州さんの引退試合に出向いたりしてるんだよ。

――2019年6月26日の長州さんの引退試合のカードに入ってました。

武藤　あとは「マスターズ」（2017年2月開始の武藤プロデュース興行）か。マスターズは長州さんに最初から出てもらってたから、そのへんから付き合うようになって。ちょうどそのくらいから長州さんも芸能のほうで化けてきたんだよ、どんどん。

――たしかにブレークし始めましたね。

武藤　おもしろいことにあのひとの化け方はSNSとか、そっちのほうで化けたから。そもそもSNSって俺らの年代のものじゃないじゃん。もっと若いひとのものだろ。その若いひとのなかでバスってきたんだよな。

――プロレスラー長州力を知らないひとのなかで知名度を上げましたよね。

武藤　そうそう。

――長州力＝怖いというイメージがない層に広まったのですかね。

武藤　だからテレビの仕事とか多くなったんだろうな。

――プロレス界の人間はバラエティー番組に長州さんをオファーするって気軽にできないです。

武藤　だろうな。

――武藤選手はプロレス界のころも当然知ってるじゃないですか。いまの長州さんを見てどう思いますか？

武藤　長州さんはね、90年代の新日本の現場監督時代は全員から嫌われてたよ（爆笑）。

――きっぱり言い切りましたね。

武藤　橋本はすごく嫌ってた。俺と蝶野はそうでもなかったけど。俺は長州さんと麻雀もやってたから。蝶野と俺は（長州と）いい距離感だったけど、橋本とかその下。西村（修）とか天山は嫌ってたなぁ。

――イメージ的にも上から厳しくくるタイプですよね。

武藤　だけどあのひとはどこかジャパン・プロレスとか維新軍の括りを意識していた。馳とか健介は近かったよ、当時は。だけど俺はそんなとこ行きたくないから、距離感を保ちながら（笑）。

――そのへん武藤選手は絶妙そうですよね。でも長州さんも闘魂三銃士の3人には気つかってたんじゃないですか？

武藤　気つかってねえよ！「この会社（新日本）は俺の会社だ！」くらいのデカい態度で（笑）。

――でも武藤選手の距離感は長州さんからしてもちょうどよかったんじゃないですかね？

武藤　そうかもな。かといって組織だからさ、選手会とか世代間とか、そういうところでぶつかることはあるんだよ。ときには俺と橋本、蝶野が一体化して会社側とぶつかったり。そういうことはあったよ。それは仕事というか、そういうものじゃん。

——それは必要な衝突ですよね、組織としては。でも決定的な決裂はなかった？

武藤　決定的に決裂したからやめていったんだろ。

——それは長州さんと新日本ですよね。武藤選手と長州さんの関係は決裂しなかったのでは？

武藤　俺が新日本やめたのは長州さんが嫌だからやめたとか、そういう次元じゃないからな。俺が全日本に行ったのは、俺の野心で行ったわけで。橋本がやめたあとに俺もやめたんだけどさ、まさかそのあと長州さん、健介、藤波さんまでやめるとは思わなかったよなぁ（苦笑）。

長州さんは俺との試合を一番嫌がってた

——00年代前半の新日本は離脱が連鎖しました。武藤選手は猪木さんの影響は受けていると言ってましたが、長州さんの影響は受けていると感じますか？

武藤　そんな受けてないと思うけど…。意見とか常に考えることは反対だもん。リングでも長州さん、俺と試合するのが一番嫌だって言ってたよ。

——なんとなくわかる気がします。

武藤　俺の間（ま）が嫌だって。チンタ（橋本）はいいけどって。

——リング外の関係とは逆だったわけですね。

武藤　俺は長州さん、嫌じゃなかったけどな。ただ、せっかち。スゲーせっかち。ものすごいせっかちだよ。

——会見も開始予定時間より早く始めたりしてましたからね。こっちが時間通りに行っても遅刻みた

ムタとして長州からIWGPヘビー級王座を強奪。反則攻撃で流血させたり、消火器を噴射するなど、長州を翻弄した（1992年8・16福岡国際センター）

いな空気になって…。

武藤　せっかちだよ、本当に。ちょっとでも時間に遅れたらキレるんだよ。怒り出す。

——そこは簡単にキレると。

武藤（長州が）早く来すぎてんだよ！って（苦笑）。この前、入場テーマのライブイベント（22年11・17代々木）のとき、俺はマネジャーに言われた通り5時半に行ったんだよ。蝶野はまだ来てない。藤波さんは3時半、長州さんは4時に来てる。蝶野なんて6時過ぎに来てるからね（苦笑）。

——あのライブはリハーサルのため3時半入りと言われたけど、武藤選手はリハなしで大丈夫だから5時半入りでＯＫをもらっていたとマネジャーから聞きました。

武藤　だから俺が控室に入る前、「長州さん、カタくなってます」って誰かから言われたよ。

——長州さんが時間を持て余してたことは簡単に想像できますね。

武藤　俺が控室に入ったら、「おお、敬司！」とか言って陽気になってたけどな。

——長州さんは誰と控室にいたんですかね？

武藤　藤波さんだよ。

——その2人きりだと会話もあまりないのですかね…。

武藤　たぶんな（笑）。で、俺と蝶野が来たらずっとしゃべりっぱなしだよ（笑）。

——嬉しかったんですね、気の合う後輩が来て。

武藤　長州さんもとくに猪木さんの前だとすごいけどな、直立不動で。俺らのほうが「会長！」なんて言ってフランクにしゃべってた気がするよ（笑）。

——武藤選手は後輩に対しても比較的フランクですよね。先輩後輩分け隔てないイメージです。

武藤　そうだよ。この前、新日本の控室でも坂口さんが最初に来て俺の部屋から離れなくてさ。

――長州さんだけじゃなく、坂口さんからも愛されてると。

武藤　そのあとむかしの全日本のスタッフも俺の控室に来て。

――武藤全日本から新日本に行ったスタッフも結構いますし。

武藤　写真撮ってくれって来たスタッフもいたよ。

――バックステージでも大人気じゃないですか！

武藤　俺だけ一人離れの控室だったんで、個室で。

――選手、スタッフ、年齢問わず、誰とでもフラットに付き合えるのが武藤選手の素晴らしさですね。

武藤　長州さんはああいう感じにならねえよな。

――はい、絶対ならないでしょう。

武藤　近寄ってこないだろ。みんな行かない（笑）。

長州さんは普通の感性じゃない。わけわかんない

――長州さんと武藤選手は真逆だから合うんですかね？

武藤　どうだろうな。

――マネジャーから聞きましたが、長州さんはバラエティー番組に一人で出るのは嫌がると。で、『敬司、呼べないか』と長州さんが言ってます」と長州さんのマネジャーから連絡がきてまとまる仕事も結構あるそうですね。

武藤　蝶野のＹｏｕＴｕｂｅで「いま長州さんバズってるから、ついてるとおいしい思いするからっ

いてるんだよ」ってしゃべったんだよ。それをこの前、控室で一緒になったとき蝶野が長州さんに言っちゃってさ（笑）。

――長州さんも武藤選手のことは気にしてるでしょうね。

武藤　俺のツイッターは見てるかもしれねえな。たまに反応したりするもんな。

――武藤選手にとってもいろんな先輩がいるなかで長州さんの存在は大きいですよね。

武藤　いま長州さんのおかげで仕事もいっぱいもらえるしな、一緒にいると。ＴｉｋＴｏｋのＣＭもやったし、『しゃべくり００７』にも出たし。

――テレビでは長州さんとのセットで2人は生きる？

武藤　もしかしたら長州さんって特殊技能じゃん。

――ああいうタイプは芸能界にもいないでしょうね。

武藤　そうだよ。長州さんって芸能人と距離置くんだよ。たとえば小峠（バイきんぐ）とロケに行っても「ああ、小峠さん」って言うのに俺には「敬司！」って（笑）。

――それは武藤選手を信頼しているってことですよ、きっと。

武藤　やっぱり普通の感性のひとじゃないじゃん。普通のひとと違う、その感性が受けてるんだよ。もしかしたらプロレスでもその感性が通用してたんだろうし。

――長州さんって独特の言語センスですよね、昔から。

武藤　あのひとの癖なのか、擬人法なのかなんなのか、ひとと違う例えするんだよ。ヘンな例え。

――本人のなかでは理解できてるんでしょうが、言葉になると理解が難しいというか。

武藤　わけわかんないときあるよ（笑）。だけどツイッターはそれで受けたんだもんな。

武藤プロデュース興行「マスターズ」の第1回大会で長州とトリオを結成（2017年2・8後楽園ホール）。この頃から、新日本時代の怖い先輩と「いい関係」になっていき、バラエティー番組で「名コンビ」を組む仲になった

――たしかに。長州さんこそ令和の現在、宇宙人ですよ。

武藤　ツイッターも最初のころなんて「敬司使ってハブを捕まえさせて売るか」とか書いてて（苦笑）。デタラメというか意味不明というか、なに言いてえんだ⁉って。

――本人の中では筋が通ってるんでしょうが…。

武藤　ただささ、長州さんがああやって化けてくれたというか、俺たち後輩はこれからその背中を見ていくわけだから。ああいう生き方もあるなっていう。誰でもなれるところではないけどな。

――はい、無理でしょう、誰も。

武藤　あれは難しいところだよ。

――現役時代は芸能界でこういうポジションを築くとは思いもしなかったですよね。むしろバラエティー番組は絶対出なそうでした。

長州さんも猪木イズム。常に爆発狙ってる

武藤　だけどそれはそれで長州さんの生き方でいい生き方だよな。現役のときはそんなの出なくて、引退したあとに出るっていう。

――使い分けができてるというか。傍目から見てるといまが人生をいちばん謳歌してるように見えます。

武藤　かといってくっついてたみんなとは離れてたよな。

――みんなではないですけど、離れていったひとも少なくないです。

武藤　（タイガー）服部さんはついてるな。

——長く業界にいればいろいろ人間関係はありますよね。

武藤　あのひとも常に爆発狙ってるから。そこは猪木イムズだったりするんだよ。

——長州さんからもやはり猪木イズムを感じますか？

武藤　そういうのを狙ってるときもあるよ。

——世間を驚かせる仕掛けですよね。でも、いまはそういうこと関係なく付き合えるようになったのがいいんでしょうね。

武藤　まあ、プロレス通じて出会って、長州さんは卒業して、俺ももうすぐ引退。全然違うけど生き方としては長州さんと俺、似たような生き方してるもんな。

——キャラクターは違いますけど、たしかに似てるといえば似てますかね。

武藤　新日本飛び出して、そのあともいろいろあって。かといっていまだに新日本にお邪魔したりしてるからな、俺も（笑）。

——それはオファーがあるからですよね。

武藤　まあな。

——いい関係ですよね、いまの2人は。

武藤　そうですね、いい先輩ですよ。長州さんってやっぱり楽しいもんな、一緒にいて。

——それ重要ですよね。大人なるとそういう関係のひとって減るものですし。とくに武藤選手にとってむかしの会社の上司ですからね。

武藤　いまは同じ傘の下じゃないからいい付き合いできるんだよ。同じ組織だったら…。

——反発してましたかね。

武藤　同じ会社だったら関係もまた違うよな。

——同じプロレス界でもそれぞれ違う場所でいろんな経験をしたからこそいまの関係があると。

武藤　そうだろうな。ある意味、蝶野とか俺は自立してるじゃん。あんまりプロレスにすがりもせず。俺はプロレスにすがってるけど、自立してるからいいんだよな。

——長州さんもプロレスにすがらず芸能界で活躍してます。でも取材でプロレスの話をするのは嫌がりますよね。

武藤　もう大丈夫だろ？

——いやぁ……。

武藤　週プロで〝今週の長州力〟とか作ればいいじゃん（笑）。

——いまの長州さんはプロレス界でそんなに活動してないので……。

武藤　この前、ＴｉｋＴｏｋの撮影一緒にしたんだよ。俺のほうが早くあがりだったんだけど、長州さんはダンス撮影がまだあって。それに無理やり巻き込まれたんだよな、本当は俺は帰れるはずだったのにさ。

——どういうことですか？

武藤　俺が先帰ったら長州さんがキレるって現場が判断してさ。とんだ迷惑だよ、俺は。

——それで長州さんの撮影終わりまで付き合った？

武藤　わけわかんないよ。俺、いらねえじゃんって思ったけど。

——武藤選手がそこにいることが大事なんですよ、長州さんにとっては。

武藤　でも対長州力のためにいるだけだからな（笑）。俺の仕事に関係ねえんだから。

――そういう話もまたトーク番組に2人で出たときのいいネタになるからいいじゃないですか。

武藤　だけど長州さんも70過ぎてるからな。腰も痛そうだし、なんだかんだ大変だろうな。立ってたり、歩くのも腰痛くてつらそうだよ。

――長年プロレスをやっていた代償は大きいですよね。

武藤　でも、まだまだ長州さんには頑張ってもらわないと。

――武藤選手の仕事のためにも。

武藤　そういうことだな（笑）。

武藤敬司（むとう・けいじ）

1962年12月23日、山梨県富士吉田市出身。84年10月5日、新日本プロレスでデビュー。若手時代から類まれなる身体能力で頭角を現し、同期の蝶野正洋、橋本真也との「闘魂三銃士」として注目を浴びる。「天才」の異名をほしいままにし、新日本のエースとして活躍。もう一つの顔であるグレート・ムタはアメリカと日本で絶大な人気を博す。2002年2月に全日本プロレスに電撃移籍すると、同年10月には社長就任。13年5月に全日本を退団すると、同年7月にWRESTLE-1を旗揚げ。20年4月で同団体が活動休止となるとフリーとしてNOAH参戦。21年2月に同団体所属となる。主要獲得タイトルはIWGPヘビー級王座、三冠ヘビー級王座、WRESTLE-1王座、GHCヘビー級王座、IWGPタッグ王座、世界タッグ王座、GHCタッグ王座

武藤敬司《むとうけいじ》のラストメッセージ

骨《ほね》の髄《ずい》まで

2023年1月31日　第1版第1刷発行

著　者　武藤《むとう》 敬司《けいじ》
発行人　池田哲雄
発行所　株式会社ベースボール・マガジン社
〒103-8482 東京都中央区日本橋浜町2-61-9　TIE浜町ビル
電話　03-5643-3930（販売部）
03-5643-3885（出版部）
振替口座 00180-6-46620
https://www.bbm-japan.com/

印刷・製本　大日本印刷株式会社

ISBN978-4-583-11580-1　C0075